AF276100

Huevos, anillos y fustas

Introducción a dos clásicos de la literatura erótica: *Historia del Ojo* e *Historia de O*

Rosemary Thorne

www.archivosvola.es

Imagen de portada cedida por José Carlos Saldaña

© 2025, Rosemary Thorne

© Archivos Vola, Madrid, 2025

ISBN: 978-84-129820-0-8
Depósito legal: M-9618-2025

Índice

A Frank G. Rubio y a sus veintidós jovencitas.

A José Carlos Saldaña,
por la honestidad con la que mira al dragón a los ojos.

A Chris, a quien desde estas líneas envío coraje.

Introducción

"Con su sola presencia ha dividido en dos un cuerpo"

Luis Cernuda

"En general disfrutamos de los placeres
de la carne a condición de que sean insípidos"

Georges Bataille

En estos últimos diez años me he dedicado casi en exclusiva a todo lo referente al género de terror y de lo oculto. No considero estar desviándome del tema escribiendo sobre literatura erótica, ya que todo lo relacionado con el sexo tiende a causar tanto espanto como la más siniestra de las abominaciones. Lo sexual nos acecha en lo oscuro desde tiempos inmemoriales: se trata de la perturbadora relación entre Eros y Tánatos. Nadie mejor que Georges Bataille y Pauline Réage para atestiguarlo.

Nunca olvidaré a Scheherazade y sus entuertos erótico/mágico/literarios en *El libro de las mil y una noches*, cuyas narraciones nocturnas me acompañaron desde mis dieciséis años hasta mi mayoría de edad; después llegaron *El amante de Lady Chatterley*, (1928) de D.H. Lawrence;

Madame Bovary, (1856) de Gustave Flaubert; *Trópico de cáncer*, (1934) de Henry Miller; y los diarios de Anais Nin (1966). También me impresionaron *Fanny Hill*, (1748) de John Cleland, y *Las amistades peligrosas*, (1782) de Pierre Choderlos de Laclos. Poco después le seguiría la referencia indispensable a este género, las audacias filosóficas del divino Marqués, Donatien Alphonse François de Sade. Años antes ya había saboreado su *Justine* (1791), por la cual acabé desembocando casualmente en la de Lawrence Durrell y en su críptico *Cuarteto de Alejandría* (1957).

Leí con gran avidez la mayoría de los anteriores libros en 1985, mientras trabajaba como camarera en el primer turno del día: devoraba su contenido picante en un autobús lleno de gente que iba parando por la Autovía del Nordeste a las seis y media de la mañana. Después de visualizar en mi interior párrafos de furiosa excitación, alzaba los ojos ebria de placer y mi mirada se topaba con adormilados viajeros ajenos a los sensuales contenidos de mi imaginación. Aprovechando la cercanía de los cuerpos recorría su carnalidad discretamente, observaba la variedad de labios, mejillas, cuellos, manos, entrepiernas, pechos, tobillos, hombros, cabellos, voces, respiraciones... Poco a poco llegué a la determinación de que lo que se desarrollaba en aquellas obras era pura ficción, ya que las relaciones sexuales al uso en España y durante la transición distaban mucho de aquellas tormentosas búsquedas para alcanzar el éxtasis y perpetuarlo, especialmente entre chicas. ¿Sigo pensando lo mismo, cuatro décadas después?

De todos aquellos impresionantes textos no considerados literatura, los creados por Georges Bataille y Pauline Réage me impresionaron tanto que me sirvieron de inspiración para crear mi primer cuento erótico, *Historia de Cayetana* (1992), que ofrezco como epílogo en este sintético volumen.

Historia del Ojo, de Georges Bataille (1897-1962), desata una frescura tan inusitada que es imposible sentir indiferencia ante su frenesí. La narración transcurre guiada por dos protagonistas adolescentes a través de los cuales palpita un sexo geológico: pis, sangre, barro, bicicletas, fiebre, lluvia, sol, tripas y, por supuesto, huevos, semen y criadillas. Aunque está escrito cuatro años después de *El manifiesto surrealista*, más allá de las fuerzas de lo onírico que André Breton (1896-1966) pretendió arbitrar. Ya se verá cómo Bataille y su más célebre ilustrador, Hans Bellmer (1902-1975), trascienden independientes un movimiento que quiso domesticar una de las fuerzas ocultas más poderosas que existen. Ambos desarrollaron su expresión sin dictámenes ajenos, aunque con escaso reconocimiento del público y sin éxito comercial.

Historia de O fue escrita por Anne Cecile Declos (1907-1998), quien adoptó el seudónimo Dominique Aury como traductora, crítica y escritora, y que aún recurriría a un segundo seudónimo, *Pauline Réage*, para escribir "la carta de amor más feroz jamás escrita". El texto fue originalmente concebido para Jean Paulhan (1884-1968), hombre que fue a la vez su amante y musa, y quien prologó la polémica novela. Normalmente la trama se presenta como la decadente y humillante aventura de una joven fotógrafa parisina tras su paso por la enigmática mansión de Roissy. Yo nunca lo entendí así: más bien percibo inequívocos signos de una iniciación, aunque fuera concebida con otras intenciones. Sea como fuere, se hace evidente que Réage propone una subversión del tradicional anillo de casada, que se convierte consecutivamente en un anilla en el cuello, luego en el dedo, y por último en la vulva.

El inaudito universo de O tuvo gran influencia entre multitud de artistas, siendo célebres las ilustraciones que Leonor Fini hizó en 1968, y el cómic que el dibujante italiano Guido Crepax realizó en 1975. A su vez, el norteamericano Kenneth Anger rodó un corto en 1961, ahora perdido, siendo más conocida la versión cinematográfica que el francés Just Jaeckin realizó en 1975. La bizarra aventura de la joven fotógrafo fue clave para la expansión del sexo no vainilla, y formó parte de la época dorada del cine erótico junto con *Emmanuelle* (1974), también de Just Jaeckin; *El Portero de Noche* (1974), de la italiana Liliana Cavani; *Cuentos inmorales* (1974), del polaco Walerian Borowczyk; *Último tango en París* (1972), del italiano Bernardo

Bertolucci y *El imperio de los sentidos* (1976), del japonés Nagisa Oshima.

He elegido el título *Huevos, Anillos y Fustas* porque en ambos textos se expone una mística del frenesí sexual sublimado a través de fetiches. Creo que los objetos poseen un gran poder: los considero umbrales tras los cuales el tabú destila su infalible y sabio jugo. Estas dos novelas se proyectan más allá que lo hacen otras de su mismo género porque el lector no puede por menos que estremecerse ante la indiscutible vocación sagrada de lo sexual. Desde tiempos ancestrales el ser humano ha celebrado ritos en los que el orgasmo (individual y comunal) ha conformado una de las herméticas máscaras de Dios. La magia sexual es una práctica cuyos orígenes se pierden en lo más recóndito de nuestro ser y que nos hermanan con el chisporrotear de los astros. Hay varios textos de antropología religiosa que confirman estos fundamentos, mucho antes de que la práctica se observara exclusivamente en su vertiente reproductiva. Si bien es cierto que el sexo es la actividad a través de la cual sucede nuestra perpetuación como especie, también contiene una fuerza que nos trasciende y expande hacia la dimensión de lo divino. Es en ese umbral en el que, consciente o inconscientemente, ocurre el hechizo de lo erótico.

Volviendo al entorno de lo mundano, celebro y rindo homenaje a estos dos autores que poseyeron la libertad interior para imaginar el cuerpo del placer de un modo personal y diferente, esto es, sin copiar precedentes; y la valiente perseverancia en desarrollar una escenografía y canalizar ciertas ideas a través de unos personajes (quienes, según Henry James, son tan solo recursos de composición); finalmente, que decidieran compartir sus complejas fantasías con el resto de los seres humanos, aun sabiendo que la polémica les cancelaría en su contemporaneidad.

Efectivamente, estos dos textos han malvivido en los márgenes de la literatura durante décadas, siendo incluso perseguidos legalmente por cargos de obscenidad e indecencia. Puntualmente fueron surgiendo escritores académicos y críticos entusiastas que esgrimieron sólidas razones para que dejasen de deambular por las deshonrosas baldas de lo pornográfico, solicitando su ingreso en los muy dignos estantes de lo literario. A este respecto cabe citar a la intelectual norteamericana Susan Sontag en *La imaginación pornográfica*, donde de manera significativa defiende *Historia de O*, un texto denigrado por machista:

"Aunque la novela es claramente obscena y bastante efectiva a la hora de excitar sexualmente al lector, la excitación sexual no parece ser el único objetivo de la novela. La narrativa sí tiene una presentación, nudo y desenlace. La elegancia en la escritura no parece indicar que el autor considere el lenguaje una necesidad agobiante. Más allá, los personajes sí poseen emociones intensas, aunque sean obsesivos y antisociales. Tienen motivos, aunque no sean normales. Se les ha dotado con una psicología, aunque sea derivada de la lujuria. Y aunque haya muchas restricciones a la hora de conocer más sobre los personajes, O y sus compañeros son descritos con el cuidado dedicado a otras novelas contemporáneas de ficción."

Según Sontag, la pornografía pretende excitar al lector, y eso estaría excluido de las funciones complejas de la literatura: inducir al ardor sexual es contrario al tranquilo fin del "arte genuino". Hay obras maestras en la literatura de incuestionable valía como Geoffrey Chaucer o D.H. Lawrence que sí excitan sexualmente a los lectores, pero también ofrecen otras intenciones. Personalmente siempre consideré que las limitaciones que nos imponemos para entender o *desentender* algo son de una torpeza tierna.

Más allá de las represiones de las distintas religiones, la sexualidad humana supone una experiencia extraordinaria, al menos potencialmente. Se la tiene como una de las fuerzas demoníacas de la conciencia, seduciéndonos a través del tabú e innumerables peligros físicos, mentales y morales. El anhelo voluptuoso por extinguir la conciencia de uno mismo a través de la *petite mort* puede conducirnos a los más dispares arrebatos. Es por ello, continúa Sontag, que *Historia del Ojo* y *Madame Edwarda* de Georges Bataille van más allá de la pornografía y se convierten en "tratados sobre la muerte". Existe un punto de inflexión que abandona la lujuria y busca la gratificación erótica más obscena, la relacionada con Tánatos. De acuerdo con la intelectual norteamericana, es en este vórtice donde concurren también sentimientos de amor, aspiración, veneración, y un implacable anhelo del espíritu divino, a veces expresado como puro gozo de existir. No me parece desacertado.

Fantasmas del sexo adolescente

Historia del Ojo da cuenta de los juegos eróticos de dos intrépidos jóvenes, un narrador sin nombre de dieciséis años y su cómplice femenina, Simone, con una imaginación sexual que trasciende todo límite. En sus delirantes aventuras, el protagonista y la exaltada Simone son acompañados por la delicada Marcelle y, más tarde, por el intrigante Sir Edmund en calidad de *jaleador* y *voyeur*. La novela comienza en el entorno rústico de la campiña francesa donde originariamente viven los dos principales caracteres, y luego salta a Madrid y a Sevilla, con la narración de acontecimientos atroces que cruzan la finísima frontera entre lo erótico y lo aterrador. Para empezar, la detallada descripción de la cogida del torero Granero en las Ventas, acontecimiento que el escritor francés realmente presenció. Después, el inverosímil relato del asesinato de Don Aminado, cuyo ojo es extraído para que Simone, en su irrefrenable pasión, se lo introduzca en la vagina.

Se trata de la primera novela del escritor y filósofo Georges Bataille, quien la publicó en 1928 con el significativo seudónimo *Lord Auch*, ("Dios Caga"). En 1944, Bataille publicaría una segunda versión de este texto con las ilustraciones de otro excelente artista, Hans Bellmer, del que se hablará más adelante.

Ante esta obra no cabe plantearse si es literatura o un texto pornográfico, por mucho que Susan Sontag acuda gentilmente a su defensa. Imitando a su protagonista Simone, trasciende lo carnal y lo deriva hacia límites de transgresión insospechados. No ha de extrañar si se tiene en cuenta su origen: Bataille la escribió como resultado de su primer contacto con el psicoanálisis en agosto de 1927, tras toda una vida de sucesos de una intensidad indescriptible. En efecto, su terapia supuso una actividad liberadora por la cual tuvo acceso a límites inexplorados de sí mismo, entregándose a la ruptura de todos los órdenes y valores que daban estructura a lo real en su momento. Tal fue el estado de violencia intelectual que le acompañó toda su vida.

La siguiente tentación al abordar *Historia del Ojo* sería enmarcarlo en el movimiento surrealista que tuvo origen en Francia en la segunda década del siglo XX. Con una experiencia vital que hubiese tumbado al más canalla, era lógico que el joven Bataille buscara solaz en el movimiento organizado por André Breton tras la redacción del primer manifiesto surrealista, pero lo cierto es que nunca fue gratamente recibido. Urdió sus bravas propuestas intelectuales en sus cercanías, sí, pero en un obvio exilio ideológico acompañado tan solo por sus dos ilustradores y amigos: André Masson y Hans Bellmer. André Breton no soportaba o toleraba que Bataille decidiera bucear por fondos inhumanos que habitan en lo humano, por más que promulgara un movimiento que quería conmover desde lo onírico a la raíz de lo burgués y religioso. Y aunque el Surrealismo como centro intelectual se le cerrara, él no cesó en ningún momento de encarnar y desarrollar su ideario, y con tanto fondo y coraje que ni Breton ni Jean Paul Sartre (1905-1980) ni ningún otro *pope* del sacrosanto panorama intelectual francés de aquellos años pudo detener, coartar o censurar. Arrolló con todos como una imparable e incurable eyaculación.

¿De dónde surgió el perturbador arrebato del ser que fue Georges Bataille? Con sus ensayos, novelas y composiciones poéticas canalizó de un modo muy personal su fascinación por el erotismo, el misticismo y la irracionalidad. Ferviente católico durante un tiempo, y posteriormente intelectual leal al pensamiento marxista y al psicoanálisis de lo sagrado, proclamó la necesidad de construir *l'homme entier, non mutilé* ("El hombre entero, no mutilado"), y mantenerlo sin importarle lo devastador de sus consecuencias. Fascinado por la obra de Donatien Alphonse François,

Marqués de Sade (1740-1814), y de Friedrich Nietzsche (1844-1900), concebía el exceso como un camino para obtener la soberanía personal aboliendo los límites ficticios impuestos a la humanidad por sí misma.

Nació en 1897 en Billom, un pueblecito del interior de Francia. Provenía de una familia proclive a las enfermedades mentales: su padre, en primer lugar, con agudos trastornos causados por la sífilis. A ello le siguieron las posteriores afecciones de su madre, causadas por las trágicas situaciones que tuvo que atravesar, y que motivaron varios intentos de suicidio.

Rebelándose contra el histriónico ateísmo de su progenitor, Bataille se convirtió al catolicismo en 1914, uniéndose primero al seminario de Saint-Fleur e ingresando después en la Congregación Benedictina de Quarr. En 1916 se alistó en la Armada, donde sirvió hasta que en 1917 se le excusó por tuberculosis. En 1918 abandonó sus ambiciones religiosas y se matriculó en la prestigiosa escuela de paleografía *L'École des Chartes* en París, donde estudió poesía del siglo XIII. A la vez recibió formación de biblioteconomía y archivo, tras lo cual trabajó como bibliotecario y medievalista en la *Bibliothèque Nationale* de París.

Como ya se ha observado, en 1920 empezó a frecuentar círculos surrealistas, descubriendo en breve diferencias ideológicas insalvables con André Breton, dirigente o dictador del movimiento, y denominándose a sí mismo con gran sorna "el enemigo desde dentro". Convino finalmente que escribir le liberaría, y para ello se sometió a un duro ejercicio terapéutico supervisado por el Dr. Adrien Borel: debía analizar una serie de fotografías tomadas en China en 1905 por Georges Dumas sobre las *Cien formas de castigo* impuestas por Fou Tchou Lin por el asesinato del príncipe Ao Han Ovan. *Historia del Ojo* es el resultado de esta terapia, junto con lo que experimentó en nuestro país, que le causó una profunda huella: en 1922 obtuvo una beca en Madrid del Colegio de Estudios Hispánicos Avanzados, y también visitó Sevilla, donde residía un nutrido círculo de intelectuales franceses.

En 1928 publicó su controvertida historia con una tirada de ciento treinta y cuatro ejemplares con ocho litografías del pintor André Masson (1896-1987), con quien mantenía una estrecha amistad, habiendo sido él quien le presentó a su mujer, Sylvia Makles (1908-1993). Hay cinco ediciones de *Historia del Ojo*: la segunda se publicó en Burgos en 1941, con una tirada de quinientos. En 1940 se editó una reescritura de la novela ilustrada con grabados de Hans Bellmer, de los que se hablará posteriormente, con un tiraje de noventa y nueve ejemplares en Sevilla, ciudad en la que concluye la historia. La penúltima edición es la única que lleva el nombre "real" de Georges Bataille y fue publicada póstumamente en 1967 por la editorial de Jean Jacques Pauvert con un tiraje de diez mil ejemplares. La editorial

Ruedo Ibérico publicó en París en 1977 una versión en español. No consta el nombre del traductor.

Aparte de su punzante necesidad de penetrar en lo sexual humano, Bataille también produjo numerosos trabajos de sociología, literatura y religión. Tales obras fueron de gran influencia para Barthes, Foucault y Derrida. En 1935 fue co-fundador del grupo anti-fascista *Contre Attaque*. Fascinado por la noción del sacrificio humano, fundó la sociedad secreta *Acéphale*, cuyo símbolo era un hombre decapitado, y que propuso como auténtica religión: nadie murió porque todos sus miembros se ofrecían como víctimas, por lo cual no quedaba nadie que actuara como verdugo. En junio de 1936 presentaron además la revista homónima editada junto con Pierre Klossowski (1905-2001), y que en sus ocho páginas contaba con ilustraciones de André Masson. Ya en su primer número lanzó una declaración de guerra a los tres enemigos que pretendía combatir: el fascismo, el socialismo estalinista y el cristianismo. Tanto la revista como la sociedad secreta se disolvieron en junio de 1939. Emprendedor intelectual imparable, Bataille también fundó el Colegio de Sociología con Michel Leiris (1901-1990) y Roger Callois (1913-1978) en 1937.

Tras publicar numerosos artículos, fundó en 1946 la revista literaria, *Critique*, que dirigió con gran éxito hasta su muerte. Su siguiente novela, *Madame Edwarda*, fue publicada con el seudónimo Pierre Angélique. *El culpable,* de 1944, fue el primer trabajo publicado con su propio nombre. Le siguieron *La literatura y el mal* y *El erotismo* en 1957. Recogió sus peculiares reflexiones sobre el arte en *Lascaux o el nacimiento del arte* y *Manet*; sobre la economía y la cosmología en *La parte maldita.* Su última obra, la novela *Mi madre,* fue publicada en 1966.

A los 58 años se le diagnosticó aterosclerosis cerebral y tuberculosis pulmonar. Empezó a decir a sus amigos que su muerte le estaba deshaciendo. Sus dificultades económicas empeoraron, y en 1961 Pablo Picasso (1881-1973), Max Ernst (1891-1976) y Joan Miró (1893-1983) organizaron una subasta de sus pinturas para ayudarle a pagar sus crecientes deudas. En 1962, poco después de publicar *Las lágrimas de Eros,* sucumbió por fin a la tan ensoñada *grande mort* con 65 años.

Toda su obra fue recogida postreramente en francés bajo el título *Obras Completas* y publicada entre 1979 y 1988, resultando un total de doce volúmenes.

El libertino de ojos inocentes

Según el biógrafo Michel Surya, lo anterior no es más que una superficial semblanza del aparentemente cándido administrativo de ojos azules de la *Bibliothèque Nationale.*

(Más tarde, en 1951, director de la biblioteca de Orléans). No es posible destilar la intensa esencia que *Historia del Ojo* contiene si no se penetra en la sombra del filósofo que soñó con la idea de escribir una imposible historia universal (*La part maudite: essai d'economie generale*), el autor que definitivamente destripó toda relación posible entre el erotismo y la muerte. Como posteriormente se verá con Anne Declos /Dominique Aury/Pauline Réage, hay autores con biografías de grietas insondables, y no queda otra que meterse en sus sombras para hallar su más íntimo pálpito.

Nada en la respetable apariencia gris de Georges Bataille revelaba que frecuentaba burdeles y clubes de *striptease*, y que bebía hasta caer desfallecido, uniendo a todo ello una incurable ludopatía. Ni sus compañeros de trabajo ni sus editores sospechaban de sus nocturnos excesos. Paralelamente, fue el hombre que se masturbó ante el cadáver de su madre mientras su mujer embarazada dormía en la habitación de al lado. Sintió éxtasis al contemplar el culo de un mono y lo relacionó con el papel de "lo útil" en los cambios sociales. Y ante aquellas fotografías que mostraban la horrible tortura china de los cien cortes, afirmaba que el rostro del hombre que estaba siendo lacerado vivo era el de quien ha alcanzado el éxtasis religioso. *Repugnante, loco, cubierto de sangre, tan bonito como una avispa.*

El escritor Mario Vargas Llosa cuestiona en su prólogo a la edición española de *Historia del Ojo* la existencia del padre sifilítico, ciego y paralítico, y de que éste fuera abandonado. Sinceramente no sé qué pretende sugerir con ese pesado pseudo estudio en el que revela más prejuicios que conocimientos, y que actúa como inconveniente para acceder al texto que presenta. Quizá pretendiera equiparar su capacidad analítica con la del filósofo francés Roland Barthes (1915-1980), que sí realizó una lectura profunda, visionaria y definitiva. Michel Surya confirma lo que Bataille expresa en el epílogo *Reminiscencias*: su padre estaba en tan mal estado de enfermedad y locura que su madre y él decidieron abandonarlo ante el implacable avance alemán en 1914, lo cual volvió literalmente loca de culpa a su madre. Con la frenética ansia con la que existió, se convirtió en ferviente católico como afrenta a su padre, y devoró textos medievales que describían el cuerpo humano como una bolsa de excrementos, acompañando tales lecturas con la escabrosa vida de los mártires. Bataille admite que "fue un intento de no ser Nietzsche, lo cual fue en vano: Dios estaba muerto, y la marea de risa que me invadía había convertido mi fe en un juego". Fue entonces cuando convirtió los burdeles en su templo, buscando todo lo que fuera sucio y convirtiéndolo en algo puro y sublime. Al final, concluyó, lo único verdaderamente indecente era la muerte, como expresa ante el cadáver de Marcelle en su *Historia del Ojo*.

En toda su obra apenas se encuentra mención del amor excepto para denigrarlo. Aun casado, siguió acudiendo a burdeles, clubes nocturnos y orgías. En aquel entonces París fulguraba con extrañas y misteriosas organizaciones, entre ellas la de *Confrérie de la Flèche d'Or*, liderada por la exiliada rusa Maria de Naglowska (1883-1936), quien había tenido una intensa relación con Julius Evola (1898-1974) en Roma, y que tradujo los singulares escritos de Paschal Beverly Randolph (1825-1875) sobre magia sexual, siendo ella misma autora de singulares revelaciones. En todo caso, en 1934, su mujer le acabó abandonando para casarse con Jacques Lacan (1901-1981). Bataille iba a visitarlos con su amante Colette Peignot (1903-1938), musa y escritora (traducida al español), y que murió misteriosamente a los 35 años. Bataille aseguró que un día hablaría de ello, pero nunca lo hizo. No es sorprendente que las mujeres pasaran por su vida como los fantasmas del Ojo.

Llevaba una vida solitaria. Nunca llegó a ser el escritor respetado que soñaba. Envidiaba el estatus social de Breton, quien opinaba que el amor de Bataille por lo sucio y lo corrupto era excesivo. "Monsieur Bataille adora las moscas", comentaba el fundador del surrealismo, "nosotros no".

Sus biógrafos se preguntan si estaba loco. Bataille declaraba de sí mismo: "no estoy loco, pero sin duda exprimí demasiado la necesidad de abandonar de alguna manera los límites de la experiencia humana." Esta aventurada disposición se encuentra ya presente en el Romanticismo, y posteriormente en vanguardias del siglo XX que asociaban la práctica de la poesía con el desastre de la lógica: el poder alternativo del desvío se vuelve prioritario como técnica poética. En ese aspecto, la escritura de Georges Bataille se desarrolla lo más lejos posible de los códigos representativos del realismo convencional, así como de la mera arbitrariedad compositiva o de formas de provocación fáciles e inofensivas. Su obra corre el peligro de no ser comprendida porque pone en crisis la lógica y la lleva hasta los extremos de lo imposible. De manera consciente conduce al lector más allá de la histeria con una prosa formalmente impecable.

De este modo, el legado de Bataille puede definirse como un conjunto de gestos transgresores que en ningún momento pierden el sentido, y que expone una negatividad de base muy acorde con la época en la que vivió. La poética supone para él la única acción en estado puro, la única búsqueda que justifica el suceso de vivir. Como se verá más adelante en el análisis que de él realiza Barthes, la imagen trasciende el enigma con una eficacia sobre el lector que es causa directa de su intencionada violencia. Georges Bataille juega al equilibrio sutil con la experiencia de lo imposible, tanto en su obra como en su vida. Ahí reside su doble regalo: una escritura y una experiencia vital que excede toda lógica, la niega, sobrevive al desastre y trasciende las fronteras de la destrucción como ningún poeta, novelista o filósofo había hecho antes.

George Bataille en las cuevas de Lascaux,
a cuyas pinturas les dedicó un tratado de arte.

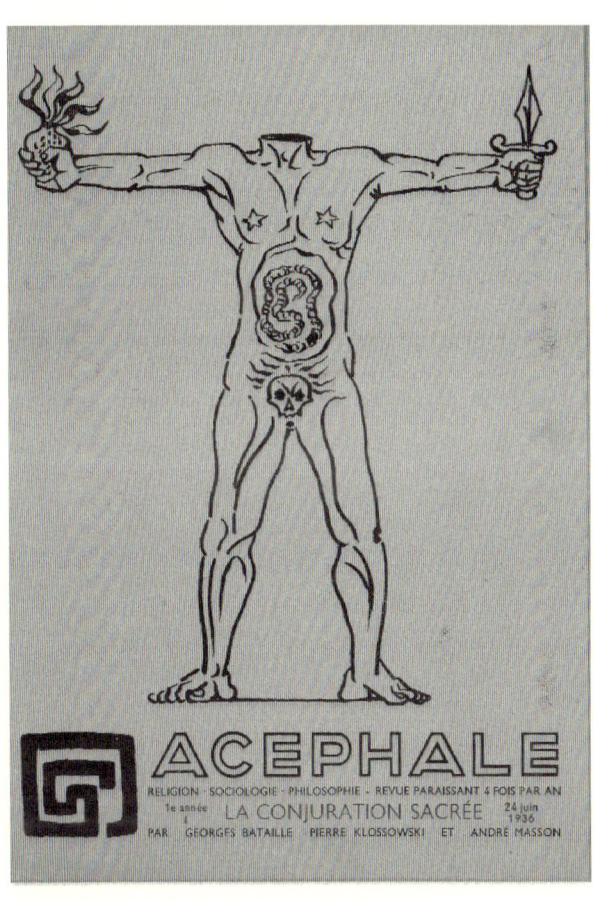

Portada de la revista *Acéphale*
fundada por Georges Bataille en 1936.

La novela está compuesta por trece capítulos: *El ojo del gato, El armario normando, El olor de Marcelle, Una mancha de sol, Un hilillo de sangre, Simone, Marcelle, Los ojos abiertos de la muerte, Animales obscenos, El ojo de Granero, Bajo el sol de Sevilla, La confesión de Simone y la misa de Sir Edmond,* y *Las patas de mosca*. Cierra la edición dos partes más: *Reminiscencias* y *Plan para una continuación de Historia del Ojo*.

Ya desde el comienzo el narrador se revela como un humano hipersensual en constante excitación por experimentar intensas sensaciones.

Fue ciertamente arriesgado describir a una serie de adolescentes viviendo la sexualidad de maneras que todos hemos experimentado en mayor o menor medida, escondiéndolo todo después, claro está, en armarios como el normando. El formidable mueble de madera no solo presidía la estancia donde se improvisó una torpe orgía de jóvenes borrachos, sino que también fue primero escondrijo y luego tumba de la delicada Marcelle.

Estos primeros impulsos sexuales que apenas han abandonado la sensual piel de la infancia son juegos/ritos con los que se avanza profundizando en el ardor carnal de un barro primigenio. El deseo se goza "sin función", como un inacabable estado de trance que ni siquiera tiene que culminar en un clímax. Así, la masturbación forma parte esencial de esta delirante coreografía erótico-surrealista.

Estas acciones disparatadas tienen lugar en entornos de una atmósfera imposible: frente a una dramática fortaleza bañada por el sensual color lechado de la luna llena, o bajo la delirante intoxicación de un sol que apesta a pis. Bataille fuerza al lector para que mire con los ojos de su imaginación más íntima visiones de una sexualidad tectónica. Página tras página el júbilo por exceder los límites es constante, y meticulosas las frases que anhelan por recorrerlo en sus más libidinosos detalles, lo cual desemboca con frecuencia en extremos de sorprendente atrocidad.

Uno de los detalles que más me arrobaron cuando leí el texto a los veinte años, fue que el escritor francés estuviera familiarizado con las criadillas, ya que yo era la única niña de mi entorno que las merendaba con frecuencia en bocadillo, mientras que al resto les daban bollos de pastelería industrial. (¿Cómo es que este señor francés conoce tanto mis secretos?, pensé). Es admirable cómo Bataille absorbe el folclore español y lo recrea minuciosamente, de manera obsesiva, como si fuese un tardío acólito de nuestro peculiar Juan de Valdés Leal (1622-1690). Quizá porque es francés y no local se atreve a cruzar la frontera de lo vil y a describir sin temor una de las más brutales y elegantes profanaciones de la historia de lo maldito.

Los oscuros sótanos de la metáfora

En su excepcional y muy entregado ensayo *La metáfora del Ojo*, Roland Barthes nos hace a los lectores cómplices privilegiados de su lectura casi hermética. Así, *Historia del Ojo* es la historia de un objeto cuya migración se vislumbra a través de distintos personajes, y no al contrario. Tal objeto puede presentar distorsiones, pero sin abandonar nunca la esencia, siguiendo fielmente la filosofía del alemán Jacob Böhme (1575-1625) en su *De signatura rerum*. Para aquellos que quieran surcar por sí mismos esta travesía de ancestro, les sugiero que complementen la iniciación con *El ojo pineal*, *El ano solar* y *Sacrificios*, traducidos al español y publicados por la editorial Pre-Textos en 1979.

El crítico francés defiende que el texto es más poema que novela, ya que este último formato se suele utilizar para relatar "lo que podría ocurrir, presentando probabilidades de realidad". La imaginación del poeta, sin embargo, transcurre en lo improbable. Más específicamente, Barthes lo analiza como una composición metafórica con elementos de metonimia: un objeto, el Ojo, va variando a través de sustitutos sin perder relación con el original. Son variaciones globulares con otros nombres y funciones, lo cual es esencial en todo paradigma. Los sustitutos del Ojo son declinados en todo el sentido de la palabra: revelados como estados de una identidad y ofrecidos sin jerarquía.

En este viaje metafórico, el *Ojo* varía y se perpetúa, siendo matriz de objetos que conjugan la metáfora ocular. La primera variación es la del ojo y el huevo, fonéticamente similares en francés, ambos globulares y blancos. Una vez establecidas las constantes, lo blanco y lo redondo se abren camino a través de refrescantes extensiones metafóricas: cuando la blancura adquiere una tonalidad perlada, (como la del ojo muerto que aparece en un calcetín), avanza para referirse a los testículos de los animales como huevos. Así se completa la esférica metáfora a lo largo de la narración: desde el plato de leche del gato hasta la extracción del ojo de Granero y la castración del toro, produciendo glándulas del tamaño de huevos, y de una blancura perlada, con venitas sangrientas, como las del globo ocular.

Esta no es la única metáfora de este largo poema: existe una segunda cadena con avatares líquidos, una imagen relacionada con *ojo*, *huevo* y *cojones*. Lo líquido se introduce con lágrimas, leche, la yema del huevo, el esperma y el pis. Se hace patente la apariencia de humedad, siendo más rica que la metáfora del globo: va de húmedo a fluido, empapando la metáfora original del ojo. Objetos aparentemente distantes quedan atrapados en esta metáfora: las tripas de un caballo cayendo como cataratas de uno de sus flancos. El prodigioso poder de la metáfora hace que una cadena conjure a la otra: ¿Hay algo más seco que el sol? Bataille, así, se hace arúspice, y como los adivinos etruscos examina las entrañas para obtener subliminales presagios: el sol deviene disco, y luego globo, y luego luz que fluye como un líquido uniéndose a la otra cadena, suave luminosidad, licuefacción urinaria del cielo.

Cada término es significante del siguiente, produciéndose una cadena en torno a un solo significado, una secreta arquitectura de máscaras. (Algo similar sucede en *Historia de O*). *Historia del Ojo* no nombra lo sexual como el primer eslabón de la cadena. No comienza con los genitales para acabar con objetos que remiten a lo sexual como el huevo, el ojo o el sol. (En *El Imperio de los Sentidos* de Nagisa Oshima, la geisha Sada expulsa en cuclillas un huevo con su vagina). Este despliegue en el *Ojo* no guarda como secreto una fantasía sexual. De ser así, habría que preguntarse por qué el tema erótico no es directamente fálico.

En todo caso, según Barthes, el mismo Bataille corrompió todo intento de descifrar el poema al proporcionar los orígenes de sus metáforas en el aludido epílogo *Reminiscencias*. El *Ojo* sería su propio padre, con sus ciegos globos oculares blancuzcos y meando frente a él cuando era niño. Se establece el enlace entre lo ocular y lo genital, sin que ninguno de los términos de la asociación se erija preeminente, tal y como estableció Saussure al proponer el carácter aleatorio de los campos asociativos

La narrativa se hace un fluido de materia consagrada a la preciosa substancia metafórica: si estamos en el bosque de noche es para que la luna pueda emerger de las nubes e iluminar la mancha húmeda en las sábanas de Marcelle; si visitamos Madrid es para asistir a la corrida de toros, con ofrenda de criadillas y extracción del ojo incluido; si vamos a Sevilla es para que el cielo rezume esa luminosidad amarillenta y líquida con la que ya estamos familiarizados metafóricamente. Según Barthes, la narrativa es *la forma* en cada secuencia, incluyendo restricciones tan estimulantes como en las viejas reglas métricas, haciendo posible extraer los términos de la metáfora de su virtualidad esencial.

La doble metáfora y el intercambio de sus cadenas hace posible relaciones de contigüidad, de manera que un término de la primera puede emparejarse con un término de la segunda: el sintagma es inmediato. A nivel del sentido común, no hay resistencia; todo trabaja para un discurso que hace posible que el ojo llore, el huevo roto se expanda, y la luz del sol se derrame. Más allá: dislocando las leyes de la afinidad tradicional, (romper un huevo, extraer un ojo), el ojo se rompe y el huevo se extrae. Esta es la ley de la imagen surrealista tal y como lo formuló Pierre Reverdy (1889-1960): "Cuanto más remota y correcta sea la relación entre dos realidades, más poderosa será la imagen".

Bataille aderezó con erotismo este *divertimento* metafórico, produciendo una sexualidad metonímica: "el ojo chupó como un pecho", "bebiendo mi ojo izquierdo entre sus labios". Por virtud de su dependencia metafórica, *ojo*, *sol* y *huevo* están estrechamente vinculados con los genitales. En virtud de su libertad, se cambian ilimitados significados y usos de tal modo que todas la asociaciones son a la vez idénticas y diferentes: romper huevos en un baño, tragar o pelar huevos, cortar o extraer un ojo o utilizarlo como un juguete erótico, asociando el plato de leche con un coño o un rayo de luz con un disparo de orina, morder las criadillas como un huevo o insertándolo en el cuerpo. El mundo se vuelve borroso: derramar, sorber, orinar y eyacular forman un significado ondulado, y toda la historia *significa* como si fuera una vibración que siempre produce el mismo sonido. De este modo la transgresión de valores que es principio esencial del erotismo se empareja con una transgresión técnica de *las formas* del lenguaje. Lo que en *Historia del Ojo* hace posible que el juego de metáfora y metonimia sea transgresión es el sexo, lo cual no es lo mismo que sublimarlo, sino casi lo contrario.

Barthes continúa su discurso comparando la obra de Bataille con la de Sade, lo cual se escapa del objetivo marcado en el presente volumen. Podría resumirse en lo siguiente: el lenguaje erótico de Sade no tiene más connotación que la de su siglo: es *escritura*. Bataille tiene la connotación de la propia naturaleza del ser y es un estilo. Esto es, *literatura*.

Tras el ojo de Hans Bellmer

Como ya se ha resaltado, la existencia de Georges Bataille suponía un engorro para todo el mundo: burgueses, católicos, y destacadas celebridades de la *contracultura* francesa como el propio Breton y el grandilocuente Sartre. Para otros creadores y artistas, sin embargo, supuso la vida. El artista alemán Hans Bellmer, por ejemplo, aprovechó de manera genuina la brecha explorada por el autor de *Historia del Ojo*. Antes de llegar a Bataille, en todo caso, tuvo que atravesar su propio *Vía Crucis*.

Nació el 13 de marzo de 1902 en Kattowitz, Alemania, de una afectuosa y gentil madre y un padre ingeniero y protestante que acabó siendo nazi confesional. Tenían una casa en Karlsruhe, en cuyo jardín el pequeño Hans desplegó su imaginación en toda su potencia: disponía de disfraces, armas de juguete, caleidoscopios y artefactos de ilusionista, e incluso una caprichosa imagen de la diosa Kali Durga. Transformado en mago, involucraba en sus juegos a su madre y a su hermano, dotándoles de exóticos nombres. Solían invitar a actores itinerantes para improvisados espectáculos, lo cual acabó atrayendo inevitablemente a niñas y adolescentes, con las que el pequeño Hans jugaba a esconder huevos de Pascua, hacer galletas, atar y desatar lazos, escribir cartas de caligrafía barroca y jugar a las muñecas. Construía pabellones laberínticos con sillas, cajas y tablas de plancha, que

Hans Bellmer
junto a la escultura *La Toupie*. 1938.

posteriormente cubría con sábanas. En aquellas improvisadas estancias de ensueño, su corazón latía con contactos fugitivos. Suponía lo opuesto a lo establecido por su padre, quien prohibía de manera estricta el juego.

Se graduó en matemáticas, literatura y filosofía. Descubrió el arte de la mano de Anselm Feuerbach (1829-1880), Lovis Corinth (1858-1925), Henri de Toulouse-Lautrec (1864-1901), Aubrey Beardsley (1872-1898), Gustav Klimt (1862-1918) y Egon Schiele (1890-1918). Copiando a Arnold Böcklin (1827-1901), fue desarrollando su obvio talento para dibujar. En cuanto a literatura, quedó atrapado por los textos de Sade y el Comte de Lautréamont (1846-1870). También disfrutaba con las obras de Émile Zola (1840-1902), Gustave Flaubert (1821-1880), Heinrich Heine (1797-1856), Charles Baudelaire (1821-1867), Edgar Allan Poe (1809-1849) y Oscar Wilde (1854-1900)

Tenía 16 años cuando su padre volvió de la guerra con una seria disposición hacia la disciplina. Puesto que el joven Hans no quería estudiar, le forzó a trabajar en la metalurgia y en la mina, lo cual impulsó más apasionadas lecturas: Karl Marx (1818-1883) y Vladimir Lenin (1879-1924). Mantenía apasionados debates de filosofía y política con sus compañeros, y acabó siendo denunciado a las autoridades polacas, librándose de ir a prisión por los pelos.

Fue contemporáneo del movimiento Dadá, que surgió como contrapartida a los horrores de la I Guerra Mundial:

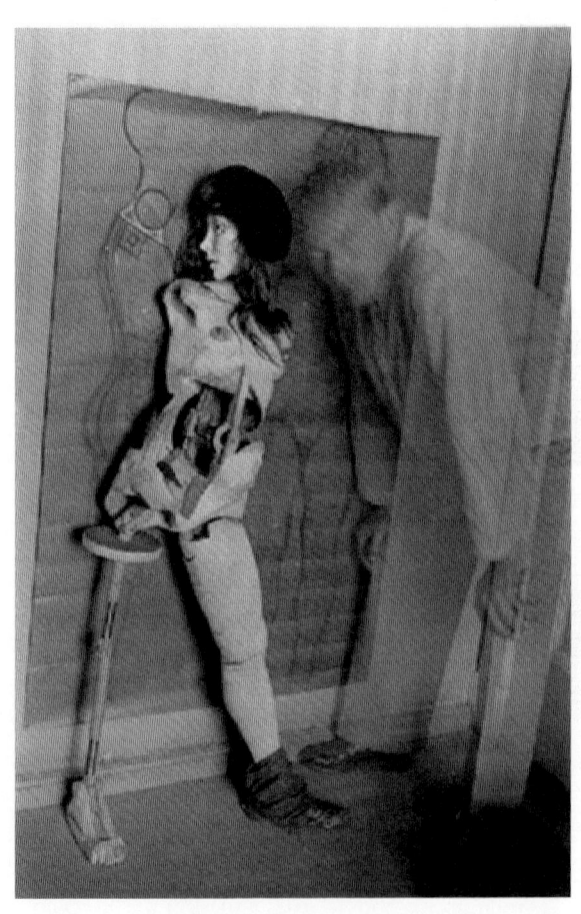

Autorretrato de Hans Bellmer
con su primera muñeca. 1934.

"Una tormenta que estalló en el mundo del arte igual que la guerra sobre las naciones". Conoció el trabajo de Giorgio de Chirico (1888-1978), Max Ernst, Hans Arp (1886-1966) y George Grosz (1893-1959), y se sintió profundamente estimulado por ellos. Realizó una serie de *gouaches* para una exposición Dada en 1922 que lamentablemente se han perdido. Le influyeron trabajos como las *Dada puppen* de Hannah Hoch (1889-1978); *Chinese Nightingale* de Max Ernst; *A winter's tale* de George Grosz; y *Blind Power* de Rudolf Schlichter (1890-1955). Asistía a charlas y conferencias en la academia Bauhaus, lo cual también atrajo indeseables problemas con las autoridades.

Al cumplir los veintiún años, y considerando que no había hecho nada de provecho, su padre le metió en una escuela de ingeniería. Logró escurrir el bulto y se puso a trabajar como diseñador gráfico en el Berlín de los años 20. Allí afianzó aún más su afinidad por el movimiento revolucionario comunista. En consecuencia, y llevando a la práctica sus lecturas marxistas, acabó abandonando su puesto de diseñador y decidió no volver a trabajar en nada que le fuera útil al Estado. Este acto de rebeldía contra su padre acabó siendo decisivo en su carrera como artista. Su odio hacia su progenitor era tan desmesurado que siempre remarcó que sus "problemas con él le hubiesen hecho el perfecto candidato para los estudios de Sigmund Freud". En una ocasión Hans se travistió, y según la biografía de Sue

Taylor, su padre sufrió un ataque cardíaco cuando le descubrió con los labios pintados.

La publicación en París del *Primer Manifiesto Surrealista* supuso para él una gran esperanza. Realizó un viaje relámpago a la capital francesa y conoció a de Chirico, además de familiarizarse con la obra de Georges Seurat (1859-1891) y Jules Pascin (1885-1930). El ambiente artístico en Francia contrastaba enormemente con el de Alemania, donde el nazismo ya intervenía y mediaba en los ambientes artísticos y culturales. Bellmer observaba aterrorizado sus avances políticos, ya que el nuevo arte que él tanto admiraba era despreciado como "degenerado".

Ya antes, en 1919, comenzó a trabajar en su muñeca, que él definió como "una niña artificial capaz de satisfacer la más alta pasión, además de suscitar nuevos deseos". Hermine Moos (1888-1928), quien había colaborado con Oskar Kokoschka (1886-1980) para crear una muñeca fetiche semejante a Alma Mahler (1879-1964), ayudó a Bellmer a armar la primera muñeca. Hecha de madera, pegamento, escayola y paja, representaba la intención de Bellmer "de reorganizar los elementos sexuales del cuerpo de una niña como una especie de anagrama plástico".

Uno de los detalles más apasionantes de su biografía es que su propia familia le ayudó a crearla: su madre puso dinero sin que el padre lo supiese, y tanto su hermano como su esposa y su pequeña prima, Úrsula, le animaron a llevarlo a cabo. Úrsula era, supuestamente, la inspiración de su escultura articulada.

En 1934 acabó por fin *La Muñeca*, esto es, una colección de 10 fotografías impresas por su amigo Thomas Eckstein. En teoría muestran el proceso de construcción de una extraña escultura de madera, pero ofrecen la esencia de sus fantasías prohibidas. Hay un aire de rapto y perturbación, y también de equilibrada magia. Bellmer admitía que reflejaban el horror de ser adulto, su ansiedad e infelicidad. Con sinceridad desesperada, el artista alemán exploró con ella la sexualidad, el fetichismo y la fragmentación del cuerpo femenino. *La Muñeca* suponía más que un juguete en un escenario social en el que las mujeres habían de ser los ideales arios de pulcritud, orden y fertilidad de artistas consagrados por Hitler como Leni Riefenstahl (1902-2003).

Con el fin de extraer su máxima expresión, Bellmer fotografió esta inquietante efigie de madera en varias poses y ante varios escenarios. Al contemplar las imágenes, parece que la muñeca estuviera viva, exhibiendo su trauma con personalidad propia. Su cuerpo está torcido y contorsionado, exponiéndose con talante sexualmente sugestivo. Al ser desmontable, sus miembros podían armarse de varias maneras, lo cual pone en cuestión la perfección del cuerpo femenino unificado, exponiendo a la mujer como una entidad maleable que se ensambla a voluntad. Hay críticos que observan en ello una obvia objetificación machista, la reducción de su cuerpo a fetiche. En el rígido ambiente social alemán de 1930, esta imagen se consideró subversiva. Y a pesar de su profunda aversión a los nazis, Bellmer continuó retando las normas de lo convencional, ampliando los límites de lo aceptable en la representación artística, y forzando a los espectadores a que al mirarla se confrontaran con sus propios deseos y tabús.

Escribió un breve texto llamado *Memorias del tema de la muñeca*, con evocadoras imágenes que le hacían revivir sus gozos bajo las laberínticas construcciones de aquel edén privado en Karlsruhe. Su escultura era "un objeto real para ser poseído", y con esta inquietante y descubierta honestidad sigue retando en la actualidad, representando un tema demasiado controvertido. Más allá de cualquier juicio moral, su valor artístico es incuestionable. Constituye una obra magnética y perturbadora, terrorífica y cautivadora, como si fuera una criatura robada de las estancias privadas de los súcubos. Lo que *La Muñeca* sugiere no es un hecho aislado en la historia del arte y la literatura: está la *Eva Futura* de Auguste Villiers de L'Isle-Adam (1838-1889), y pueden encontrarse precedentes en la obra de Jean-Baptiste Greuze (1725-1805), Lewis Carroll (1832-1898), John Ruskin (1819-1900), Kingsley Amis (1922-1995) y James Mathew Barrie (1860-1937), entre otros.

Cualquiera de las múltiples connotaciones de esta obra causaba espanto a las autoridades nazis, que como sabemos llegaron a lo impensable por construir una realidad sin fisuras. Las imágenes de Bellmer fueron tachadas de degeneradas, y por ello contempló el movimiento surrealista como la salvación de su cordura. En 1934, el artista alemán se sentía aislado, asustado y vulnerable. Aprovechó que su prima Úrsula se iba a París para estudiar en La Sorbona y le confió una foto de la muñeca, junto con una carta dirigida a André Breton. Al fundador del movimiento surrealista le llamó la atención, y escribió a Bellmer para que enviase más fotos a Paul Eluard (1895-1952), quien se hizo uno de sus más apasionados admiradores. El 5 de diciembre de 1934, en el número seis de la revista *Minotaure*, se publicaron dieciocho fotos de *La Muñeca*. En opinión de Jean Brun (1919-1994), *La muñeca* efectúa la conjunción de lo cotidiano y lo imaginario, lo animado e inanimado, lo natural y lo artificial, constituyendo "el primer y único objeto surrealista con poder universal y provocativo".

Con la ayuda de su amiga Lotte Pritzel (1887-1952), construyó una segunda escultura que contaba con más flexibilidad que la original: dos brazos, dos pares de piernas, cuatro pechos esféricos, tres pelvis y un torso, junto con genitales femeninos. Todos estos elementos podían montarse y desmontarse de diferentes maneras. Estaba provista de un increíble fondo de armario, con vestidos, pelucas y zapatos. En 1944 creó una nueva serie de fotografías con la muñeca posando en cien escenarios diferentes titulados *Los juegos de la muñeca*, publicadas junto con poemas de Paul Eluard.

Bellmer eligió escenarios domésticos para mostrarla: el dormitorio, la cocina, las escaleras, el ático. La presencia del sacudidor de polvo y su compostura desmembrada, olvidada o colgada parecen sugerir abusos físicos. Ciertamente hay una atmósfera de pesada amenaza y tortura. De nuevo, nada que ver con los ideales arios con los que se nutría la filosofía del nacionalsocialismo de Adolf Hitler (1889-1945): la muñeca de Bellmer está rota, exponiendo a gritos la verdad callada de lo que el cuerpo de la mujer ha de soportar en actos de sadismo cotidiano.

Una de las fotos de más tensión y ansiedad es la de la muñeca con dos torsos pegados cerca de un árbol en primer plano, mientras que en el fondo, y tras otro árbol, el espectador descubre perturbado la presencia de un hombre con abrigo largo y botas. Bellmer pintaba sus fotos a mano, y en esta ocasión eligió un atrayente color rojo que contrasta con la suavidad del paisaje silvestre de su entorno. Los calcetines blancos con los zapatos negros en posición caprichosa invitan a pensar en una niña. El hombre contempla la entidad desfigurada protegido por el tronco del árbol, pero no de manera furtiva, ya que es visible para el espectador. Parece el orgulloso padre de una bella abominación, el maestro que mueve a esa marioneta sin hilos, dando lugar a un cuento de hadas que nos devuelve la imagen exacta de nuestra propia decadencia dependiendo de lo que imaginemos que está pasando.

No es de extrañar que atravesara años amargos hasta que su trabajo fuera aceptado como arte y no como pornografía. Según su biógrafo, Peter Webb, tal reconocimiento no sucedió hasta que, en 1972, el entonces ministro de cultura francés Jacques Duhamen asistió a su exposición retrospectiva en el *Centre Nationale de l'Art Contemporain*.

En 1939 creó *Cefalópodo* poseído por la siguiente idea: "El cuerpo se parece a una frase que parece invitarnos a desmantelarla en sus letras, de manera que su verdadero significado pueda ser revelado siempre nuevo a través de un infinito río de anagramas. *Cefalópodo* representa una forma ambigua, erótica y definitivamente surreal. Está distorsionada y fragmentada. Parece representar una cabeza con dos medias, pero puede ser todo aquello que el espectador imagine. Un híbrido, quizá, macho y hembra, reafirmando su idea de que el amor es el último surrealismo. Recuerda la imagen que William Shakespeare (1564-1616) ofrece al comienzo de *Otelo*: la unión de dos seres conformando "la bestia de las dos espaldas".

Finalmente, en 1945, el audaz editor francés Alain Gheerbrant (1920-2013) le invitó a producir una serie de ilustraciones para la nueva edición de *Historia del Ojo*, de Georges Bataille. Con ellas ensalza el ideal: "Haz cosas bonitas aderezadas con la sal de la deformación y una pizquita de venganza." Gheerbrant acababa de publicar *Cierge de L'air*, de Hans Arp (1886-1966), con su pequeña editorial *K-editeur* en Sevilla. El traductor y editor Henri Parisot (1908-1979) le había mostrado la obra de Bellmer, y sintió frustración por no poder permitirse publicar *Los juegos de la muñeca*. Puesto que había acordado con Bataille sacar una edición revisada de su escandaloso relato adolescente, le ofreció el trabajo de ilustrador a Bellmer. El alemán aceptó con cierto temor porque no había hecho grabados nunca. En 1946 fue a París para conocer a Bataille y Gheerbrant. En abril empezó a hacer los seis grabados para la edición clandestina. El libro estuvo listo para publicación en 1947.

Las ilustraciones de *Historia del Ojo* de Hans Bellmer no son las convencionales imágenes que reproducen escenas específicas de la novela con la que se publican. Son interpretaciones visuales o variaciones sobre los temas explorados por Bataille: ojos, huevos, esferas, cuerpos adolescentes, felaciones y penetraciones, profanaciones y fantasmas. El alemán casi excede al francés en su intensidad visceral, en la representación del deseo y su obsesión, y una relación casi artrópoda entre sexualidad y violencia. La inclusión de estos grabados en *Historia del Ojo* contribuye a crear una experiencia multisensorial en el lector: mientras que Bataille describe cómo Simone extrae el ojo del cura y se lo introduce en la vagina, Bellmer nos muestra a la adolescente con las piernas abiertas contemplando un soberbio falo emergiendo de su sexo. "La sexualidad", opinaba Hans Bellmer, "es masculina y femenina a la vez, es intercambiable", dando así pie a un amplio abanico de identidades sexuales.

Las observaciones de la psicoanalista norteamericana Patricia Barry parecen emanar de los inquietantes contornos propuestos por Bellmer: "En la infancia, todos somos polimorfos, y todas las partes de nuestro cuerpo nos dan placer. De adultos renunciamos a volver a ello porque es igual que volver a ser inferiores". Para la Dra. Barry, "el género es la primera metáfora para entender y articular una experiencia." Y reafirmando las experiencias de los adolescentes del *Ojo*, añade: "En la perversidad polimorfa infantil existe una intensa imaginación del cuerpo. Eso permite que los amantes se intercambien en su papel femenino y masculino".

Bataille y Bellmer, escritor e ilustrador, fueron más allá de los límites de lo convencional, explorando sin miedo los rincones oscuros del deseo humano. Penetraron sin venda ni mordaza en espacios de intimidad tradicionalmente castrada, avivando el fuego del tabú y los impulsos ancestrales que subyacen bajo la artificial y forzada superficie de la sociedad civilizada. Bellmer admitió: "Si el origen de mi trabajo es escandaloso, es porque para mí el mundo es un escándalo." En un tono similar, el filósofo norteamericano

Thomas Moore escribió en referencia a las imágenes pervertidas: "Si la naturaleza permite que se nos ocurran ideas monstruosas, quizá sea porque la naturaleza está expresando así su monstruosidad."

Bellmer y Bataille continuaron su colaboración en *Madame Edwarda*. Influido por la carnalidad de la obra de Giulio Romano (1499-1546), François Boucher (1703-1770), Félicien Rops (1833-1898), Constantin Brancusi (1876-1957), su objetivo era expresar la experiencia humana en su totalidad. Paralelismos con el trabajo de Balthus (1908-2001), Barry Burman (1943-2001), Pierre Molinier (1900-1976). Más adelante, el alemán comenzó su polémica relación con Unica Zurn (1916-1970), cuyo estudio se sale de lo propuesto en este breve volumen.

HISTORIA DE O

Generalmente se presenta *Historia de O* como la progre-
siva degradación de una joven fotógrafa de moda que acep-
ta ser esclava de su novio, René, y que por amor a él vive
una imparable espiral de enviciamiento y humillación,
sexual de naturaleza y psicológica en substancia. La leí poco
después de cumplir los veinte años, y aunque como escritora, mujer y amante nunca imité o reproduje lo descrito en
la novela, sí que admito con transparente entusiasmo su
liberadora influencia. Resulta paradójico, ya que yo hubiese sido imposible habitante de Roissy, muy impertinente
para Sir Stephen y, en suma, pésima esclava. Pero insisto en
la alta estima que siento por la imaginación de su autora, la
misteriosa mujer escondida tras numerosas máscaras como
su personaje.

Efectivamente, Pauline Réage es el seudónimo de la traductora, editora y crítica literaria Dominique Aury, a su vez
seudónimo de una muy privada Anne Cecile Declos.
Licenciada en la Sorbona, practicó el periodismo hasta que
en 1946 empezó a trabajar en la poderosa editorial

Gallimard. Tradujo y prologó a autores como Virginia Wolf (1882-1941), T.S. Eliot (1888-1965), F. Scott Fitzgerald (1896-1940) y Evelyn Waugh (1903-1966). También escribió críticas literarias y formó parte del jurado de varios prestigiosos premios literarios.

El director de la revista *Nouvelle Revue Français* Jean Paulhan (1884-1968) comentó que ninguna mujer era capaz de escribir una novela erótica a la altura de Sade. El apreciado intelectual francés prologó extensamente su obra tanto en el original como en las traducciones en inglés: lo llamaba el Evangelio del Mal. "Nos invita a que matemos a nuestras esposas y a nuestros amigos, a que acabemos con la humanidad y que la reemplacemos con algún otro invento de la naturaleza. No en vano, el espíritu más libre que jamás existió (Apollinaire) se pasó toda la vida en la cárcel."

Con el fin de demostrar a tan apasionado experto en Sade que estaba equivocado, Desclos/Aury (pronunciado *ori*) escribió *Historia de O*. El libro fue publicado en 1954 con prólogo del respetado editor francés, y fue un enorme y controvertido éxito. Se sospechó que el propio Paulhan había sido el autor, y también otros escritores como André Malraux (1901-1976), Henry de Montherlant (1895-1972) y André Pieyre de Mandiargues (1909-1991).

El asunto de la autoría se volvió especialmente acuciante cuando en 1957 el texto fue declarado obsceno, y tanto el editor como la misteriosa autora fueron llevados a juicio. Al final solo sufrió restricciones publicitarias y se prohibió su venta a menores hasta 1967. En ese sentido, fue heredera fiel de otra díscola de las letras francesas: *Madame Bovary* de Gustave Flaubert, publicada en 1856 y declarada obscena en 1857. Algunos críticos comentan que la acusación que el fiscal Ernest Pinard expuso en el juicio contra Flaubert acabó siendo su mejor campaña de *marketing*.

En 1975 seguía sin saberse quién era el/la autor/a de esta polémica historia, y Aury no desveló nada en la larga entrevista en la que habló sobre libros eróticos con la editora francesa Regine Deforges. No fue hasta 1994 cuando Anne Declos, con 86 años, se declaró la autora de esta lúbrica fantasía con mansiones decimonónicas, máscaras y latigazos en una entrevista con el periodista británico John de St Jorre. En este punto lo más conveniente es atravesar la propia historia de Aury para vislumbrar capa a capa el rostro de su última verdad, o al menos acercarse a una visión aproximada, tal y como he realizado con Georges Bataille.

La carta de amor más feroz

Como ya he apuntado, *Historia de O* está prologada por el intelectual francés Jean Paulhan. El breve texto titulado *La dicha de la esclavitud*, empieza hablando de una revuelta sucedida en 1838 en la isla de Barbados, en la que unos

Anne Cecile Declos *aka* Dominique Aury
aka Pauline Réage. 1958.

doscientos esclavos y esclavas negros fueron a pedirle a su antiguo amo que volviera a tomarlos como esclavos. El tal señor, por diversas razones, denegó la solicitud, siendo por ello asesinado. Este es el prólogo de una novela cuyo final alternativo nos presenta a un amo que, habiendo abandonado a su esclava, y ante la petición de ésta de morir, le concede su permiso. Solo a través de este prólogo el lector descubre que O no quiere que Sir Stephen le quite los hierros hasta después de muerta. ¿Pero por qué el lector conoce este detalle a través del prologuista, y no en palabras de la autora?

Paulhan alaba la grandeza y alegría con la que místicos y enamorados se abandonan a la voluntad ajena. Defiende que O es una historia en el que se agradece la "decencia", y define a O como "un espíritu puro y violento, incesante, sin mezcla alguna". La historia, prosigue Paulhan, es una pirueta, "y parece más una carta que un diario íntimo, la carta de amor más feroz que jamás se haya escrito". Admite que es un libro peligroso en tanto en cuanto "nos devuelve a nuestros peligros naturales", ya que el ser humano "ha perdido el gusto y el sentido por cierto misterioso equilibrio con la violencia". Paulhan también admite que "a cada mujer le ha sido dado ser todas las mujeres, mientras que los hombres solo sueñan con ser todos los hombres."

También he mencionado que Dominique Aury/Anne Declos había escrito O para demostrar al afamado crítico que una mujer sí que podía escribir una novela erótica a la altura de Sade. Sin embargo, la realidad no es así de sencilla: hay más capas. Aury amaba locamente a Paulhan, era una de sus amantes. Habían intimado de la manera más entrañable durante los años de la resistencia. Al percibir Dominique Aury la constante competencia de mujeres más jóvenes y bellas que ella, concibió la estratagema definitiva para retener para siempre toda su atención: engendró a O.

Es por ello que Paulhan lo reconoce así en su prólogo: "la carta de amor más feroz jamás escrita", ya que solo él conocía la pasión a la que podía llegar Aury, quien no cesó de escribir la novela por la noche durante tres semanas. Cuando el reconocido experto en Sade leyó el manuscrito/carta de amor, se quedó tan prendado de su contenido que instantáneamente propuso a su amada su publicación. Ella accedió a la sugerencia siempre y cuando su autoría se mantuviera en el anonimato. Eligió el nombre de Pauline en homenaje a dos mujeres audaces: Pauline Bonaparte (la hermana de Napoleón) y Pauline Roland (una fiera actriz francesa); y el apellido "Réage" fue elegido al azar sobre un mapa. Regresaré a los particulares de su publicación después de analizar su contenido.

Los cuatro estados de O

La novela está dividida en 4 capítulos: *Los amantes de Roissy, Sir Stephen, Anne-Marie y las anillas y La lechuza.*

La historia comienza de un modo sencillo y directo, sin preámbulo, con una visión certera. A medida que avanza la novela, se nos proporcionan algunos antecedentes de la historia, pero tampoco demasiados. Réage/Aury es parca con lo superfluo, y espléndida con lo que transmite la esencia de su imaginario: sabores, texturas, olores, ambiente sonoro, y el insólito proceso interior que desemboca en encontrar gozo en ser esclavo. Describe cómo hacer un fuego, y que la vulva de la mujer se parece a las agallas del pescado. Sin embargo, apenas hay contextualización social en torno a los personajes. Es como si O sucediese en un vacío histórico.

Hay dos comienzos, de hecho, que se desvían mínimamente, y con diferencias apenas significativas. Como ya se ha mencionado, Réage también ofreció tres finales alternativos, pero no creo que lo hiciera como compensación a los dos comienzos, sino dejando al desnudo la mente de los escritores cuando hemos de elegir entre varias alternativas y somos incapaces de decidirnos por una sola.

Muchos de los elementos que O va a encontrar en Roissy invitan a pensar en el proceso iniciático de una sociedad secreta: desde sus estrictas reglas hasta la forma de vestirse, y las distintas jerarquías a las que O va accediendo según va superando pruebas. El traje de los criados y de las esclavas de la *Maison* fueron extraídos del folclore francés. Hay otros detalles, sin embargo, que parecen más específicos y reveladores, como la constante presencia del negro combinado con el dorado y ciertas ventanas orientadas hacia poniente.

En ese lugar suspendido en ningún tiempo o lugar, O aprende que por amor a René ninguna parte de su cuerpo le pertenece, y que por ello es René quien la posee cada vez que la poseen los "afiliados a la sociedad del castillo". René se alza así como un dios con múltiples rostros: él la poseerá igual que las divinidades poseen a sus criaturas cuando se apoderan de ellas bajo la máscara de un monstruo, de un ave, del espíritu invisible o del éxtasis. En su momento, René se revela a su vez como una máscara de Sir Stephen.

Estas posesiones, le es explicado a O, sucederán tanto en el señorial edificio como cuando salga de él: su condición de esclava será reconocida por el anillo con anilla de hierro que lleva en su dedo anular, y cualquiera que reconozca la alhaja tendrá derecho a gozarla sin mayor explicación. Curiosamente coincide con los preceptos de *La Hermandad de Saturno*. Esta semiótica de los anillos-aro es uno de los elementos que inmediatamente me atrajo de esta historia que el resto de críticos condena como una descerebrada invitación al caos y a la decadencia. Me sorprendió la fabulosa danza de las anillas por el cuerpo de O, que iré analizando según avancemos: primero la anilla en su cuello y muñecas en forma de collar y pulseras; después como anillo en su dedo, y por último el zarcillo en su vulva, junto con las iniciales de Sir Stephen.

Anne Declos/Dominique Aury desgrana en estas primeras páginas la sensualidad que exhala una mujer indefensa, su terror de sentirse desvalida, la voluptuosidad de la carne del cuerpo atado, y el dolor como llave que abre ocultas puertas erógenas. Expresa la liberación que supone el estar encadenada y que no es, en absoluto, un juego de palabras o una caprichosa paradoja. Reivindica la sodomía en la mujer, que contrasta con el sexo anal que describe la obra de Sade. Para el Marqués, explica Thomas Moore en *Dark Eros*, la atención al culo elimina la importancia de los sexos. Los libertinos desprecian la diferencia de sexo. Se deleitan en la igualdad de trato de manera ritual. Sade imagina el trabajo del alma como un acto anal. No es homosexualidad, sino *unisexualidad*.

Réage, como se apunta más adelante, es venusina: ensalza la belleza innata femenina sin recurrir a la cirugía, y es ávida conocedora del cuerpo del amor y sus más íntimos procesos, los jugos, las hinchazones, las rozaduras y los desgastes que la actividad sexual más frenética produce. Sabe del trance liminal en la masturbación y en el éxtasis compartido. Describe diestra los ardores de un ataque de ansiedad y de terror. Anne Declos/Dominique Aury sigue con ardiente lealtad la senda de la carne; la del espíritu en ocasiones, y siempre acertadamente, pero manteniendo una prudencial distancia, puesto que vivió en los años dorados del existencialismo, y hubiese sido mal tolerada mayor mística por los inflexibles amos del pensamiento francés: Jean Paul Sartre y Simone de Beauvoir (1908-1986). Describir a una esclava del sexo se le permitió difícilmente, pero sin entrar en misticismos. Igual le pasó a Georges Bataille, como ya se ha visto.

En paralelo a la danza de las anillas recorriendo los esbeltos miembros de O, Declos/Aury/Réage también descubre la anatomía de los tormentos de la mujer enamorada, sus temores más recónditos: no ser capaz de reconocer con los ojos vendados el cuerpo del hombre que ama, o que alguien diferente a su amado la haga gritar de placer, y ser tomada por puta y acusada de ser fácil. Consecuentemente, que otra mujer proporcione placer a su amor y, por último, el espanto de ser abandonada después de haber sido todo para su amor. Anne Declos vestida de Dominique Aury, la tímida e inofensiva traductora y crítica literaria de la editorial *Gallimard*, explota y desarrolla hasta la extrema perversión casi todos los temores de las mujeres. Casi, remarco, porque en este volumen no menciona en absoluto la maternidad, no se hacen mención a métodos anticonceptivos o a profilaxis de los objetos utilizados, (como el tallo de ebonita), dejando esos y otros detalles mundanos para *Retorno a*

Roissy. Muestra el abismo que hay entre amor, deseo y sexo, y que pocas mujeres se atreven a explorar. Dentro de los confines de Roissy está incluso penalizado mirar a los ojos a los hombres. Para una fotógrafo de moda como O, cuya profesión es mirar, no puede haber mayor castigo, siendo la pena de no respetarlo un despiadado azote.

O entra en el privado castillo a principios de noviembre. Es inmediatamente trasladada a una mazmorra donde permanece aproximadamente dos semanas: llega a perder la noción del tiempo porque nunca se apaga la luz. Cuando la sacan en brazos de la madriguera ctónica, O ya es otra. Está cubierta exclusivamente de pieles, lo cual remite a la máxima de Leopold Sacher Masoch (1936-1895) de que no hay mejor vestido para una mujer desnuda que una fabulosa piel. Confinada en los subterráneos de Roissy, O recuerda a los esclavos negros que el intelectual francés nombra en el prólogo.

La esclavitud como arte

En el segundo capítulo, tanto O como el lector son iniciados en las artes de Sir Stephen, quien podría ser descrito como el *alfa macho* de la civilización occidental del siglo XX: un sofisticado aristócrata escocés del Ducado de Argyll viviendo en París y con casa de verano en Cannes. En primer lugar, asistimos a los preparativos con los cuales O va a convertir sus responsabilidades sexuales en el centro de su vida: cambia toda su ropa y se adapta física y psicológicamente para estar accesible en todo momento por cualquiera de sus orificios a todo aquel que reconozca el aro de su anillo.

Sus vivencias en Roissy despiertan el inusitado anhelo de captar en sus fotografías la máxima sensualidad. A través de Jacqueline, su exótica y caprichosa modelo, se nos revela que es bisexual y que gusta de retozar con distintos tipos de mujeres siempre que puede. Todo lo aprendido en Roissy añade una nueva y excitante capa a lo cotidiano, como si se hubiese alineado a otra realidad cuya profundidad seguirá descubriendo paso a paso.

A principios de diciembre, René le presenta a su nuevo amo, Sir Stephen. El juego de espejos que en Roissy convertía a René en todos aquellos hombres que la tomaran, ejecuta un nuevo giro. René nunca fue más que una máscara del implacable británico, quien gusta de costumbres y ritos, (*fond of habits and rites*, en el original), como si él fuese el dios de la exclusiva sociedad secreta. Las vejaciones sufridas en el castillo quedan muy por debajo de esta nueva esfera de dolor que O ha de atravesar por voluntad de su nuevo señor.

Si pudiese hablarse del dolor como una sinfonía, podría declararse que Sir Stephen era tanto compositor, como director e intérprete, ejecutando una despiadada tortura sobre el corazón y las carnes de O. A medida que los gritos se multiplican, disminuyen los gemidos, y el placer se vuelve más profundo, más elevado. O vislumbra que para devenir la esclava perfecta ha de devenir instrumento de placer en plenitud consciente. "La expectativa ante el deseo", explica Lord Fallon a Lucy Wells, "supone la mitad del gozo" (*Harlots* S02E04, 2017-2019). Sir Stephen ejerce esta máxima con maestría: apenas intercambia palabra con O y eso atormenta a la iniciada.

Según avanza el invierno en París, el lector contempla el proceso, lo sigue con la yema de sus dedos, como cuando René dibujaba el arco de la ceja de O. Después de todo, tanto René como O son aprendices del escocés sibarita. Existe una coreografía del amor y del deseo entre los dos ansiosos acólitos, cada uno dentro de su género. O observa que René también encarna una vocación servil, y está segura de que si a Sir Stephen le hubiesen gustado los hombres, René habría sido dócilmente *empalado*, ya que su devoción a su hermanastro es incuestionable: "Cada vez que ella salía de sus brazos, René buscaba en su cuerpo la marca de un dios". Quizá sea esa la razón por la cual René quiere que O sea fagocitada por Sir Stephen: en el más allá del laberinto, es el cuerpo de René el devorado por el inexorable británico. Emmanuelle Arsan, quien escribió *Emmanuelle* inspirada en *Historia de O*, resuelve este reto de otro modo: la joven iniciada es penetrada por Mario a través de un espontáneo *proxy*.

Hay algo en el rigor de Sir Stephen que recuerda al de la costumbre china de vendar los pies de las niñas para que desarrollen *pies de loto*, garantía de excepcionales habilidades sexuales. La firmeza de la voluntad de O, a su vez, remite a la de Shiva en el *Kumarasambhavam* de Kalidasa, ya que Parvati también ha de atravesar una pesada penitencia tanto carnal como espiritual para conquistar el corazón de Shiva. Siguiendo la misma línea, James Hillman defiende en *The Myth of Analysis*: "El alma es torturada por Eros con el fin de iniciarla. Es el *Bhakti yoga*, una disciplina psicológica para el desarrollo erótico, para la integracion psíquica y la identidad erótica."

No es de extrañar que la fotógrafa acabe ambicionando para ella el papel de amo cuando Jacqueline está cerca. Declos/Aury/Réage despliega su masculinidad, se desliza entre pequeños senos y le apasiona hallar en sus dedos un "persistente aroma marino". O ambiciona ser cómplice y jugadora en ambos tableros.

A lo largo del libro pueden encontrarse numerosos pasajes que hubiesen sido muy complejos de filmar con fidelidad, como por ejemplo la primera felación de O a Sir Stephen, narrada en este segundo capítulo con tal detalle que el lector puede visualizar la apasionante escena sin más cortes de censor que el suyo propio. También la masturbación de Marion, que ofrece además campo para la reflexión: O sintió repugnancia hacia ella al principio. Presenciar actos onanistas suele causar, curiosamente, rechazo y asco. Hay una escandalosa indefensión en el cuerpo entregado al autoplacer, como un insecto tratando de escapar de su estado larvario y que por fin estalla en mil pedazos transformado en lepidóptero que cabalga sobre primigenias estrellas. A O le espanta y disgusta, y al principio se niega a ejecutar tal orden procedente de su amo. En *Historia del Ojo* se glorifica y ensalza la masturbación, ya que es epítome de la liminalidad erótica.

La sodomía, en cambio, no asusta a O. Encuentra conveniente la asistencia del tallo de ebonita para una actividad que, por la ausencia de más información, solo sus acompañantes parecen gozar, sin que sepamos si a ella le gusta. Hemos de deducirlo así los lectores, porque Anne/Dominique/Pauline no es parca en palabras: al margen de la temática, su capacidad poética alcanza visiones sublimes. En ocasiones me trae a la memoria la prosa de Marguerite Duras (1914-1996), otra gran dama de las letras francesas que exploró el deseo hasta límites insospechados, esto es, hasta que volcó toda su pasión en el enigmático Yann Andréa (1952-2014), cuyo libro, *M.D.*, recomiendo enfebrecida. Por todo esto, cuando leo que *Historia de O* es un recuento decadente de sadomasoquismo y perversión, no sé de qué demonios están hablando las reseñas.

La primavera florece en París, conmoviendo íntimamente a Sir Stephen, quien de manera inesperada accede a tratar a O con besos y disculpas. Se siente tan unido a ella que realiza la petición que ensalza a todo amo que se precie: le pide que le permita marcarla con sus iniciales. Así se pasa al siguiente nivel.

En una de sus escasas entrevistas, Anne Declos/Dominique Aury declaró que "las mujeres somos tan inmorales como los hombres". Efectivamente, el capítulo *Anne-Marie y las anillas* ilustra perfectamente tal apreciación. También constituye una excelente exploración de la sexualidad lésbica, ya que narra los avances de O con Jacqueline en su ambición de *poseer*, de erigirse ella misma en Ama. Se expande también la curiosa relación entre O y la criada negra de Sir Stephen, Nora, basada en su mayor parte en intensos desafíos de miradas y sesiones de latigazos. Por otro lado, nos abre de par en par las puertas de la sofisticada mansión de Anne Marie cerca del bosque de Fontainebleau, cuyos jardines estallan en geranios rojos. En él conviven muchachas que han de ir completamente desnudas (y eso incluye el vello púbico perfectamente rasurado) junto con el personal doméstico ataviado con gruesas faldas de alpaca negra y delantales almidonados.

Todo en la casa de Anne Marie es de una precisión estética significativa: desde el color de las habitaciones hasta las baldosas del suelo, siguiendo un estricto protocolo que obviamente se extiende también a las maneras, y que implica saber la metodología precisa para taladrar la vulva humana con el fin de insertar las anillas a las diferentes esclavas. Los amos de Roissy no dudan en confiar en las expertas manos de Anne Marie para tal menester.

Su sabiduría incluye la de conocer la ventaja de atar a las esclavas con las piernas abiertas, y de aplicar azotes ordenados y precisos en el interior de los muslos. Para ello cuenta con una estancia circular en la que hay dos columnas que bien podrían haberse llamado *Jakin* y *Boaz*. Es ahí donde se realiza un suerte de perversa ceremonia nupcial en la que O accede a llevar las anillas y las iniciales de su amo sin saber aún cómo le serán impuestas.

Tanto Anne Marie como Nora suponen la confirmación de que las mujeres podemos alcanzar o superar la crueldad de los hombres. La exigente ama presta su experto servicio a la sociedad del castillo como ama y amante, y en su púrpura alcoba hace sentir a O que ella no es más que un instrumento de placer. Evoca lo que Hans Bellmer sugiere con su muñeca, lo cual espero excite un apasionado debate interior en los lectores de estas líneas, más allá de su género y su sexo.

Con implacable determinación la gran señora de Samois impone su grado en esta iniciación/suplicio de la que hemos sido testigos: ocho meses han pasado desde que O atravesó el umbral de Roissy. En el solsticio de verano, el

Triskel de oro taladra su carne como la última de las anillas, mientras que las siglas de su amo queman su piel.

Su destino parecía despejado a principios de agosto: no podía exhibir su cuerpo en público tanto por las marcas de las fustas como por las anillas colgando de su pubis. Sir Stephen encuentra adecuado colgar frente a su cama una hermosa colección de instrumentos de martirio. O se acuerda de Santa Catalina. (Como se verá más adelante, no en vano Declos/Aury editó un manuscrito medieval francés con la historia de los mártires). Y para confirmar su condición, una última y significativa prueba: un joven siente un torbellino de amor por O y solicita a Sir Stephen que la libere para casarse con ella, esto es, para imponerle el otro tipo de anillo, el *decente*, que le asegurará el otro suplicio, el de ser esposa y madre. En respuesta, O recibe al joven que pretende ser su salvador colgada de las columnas y recién azotada, resplandeciente en todo su poder, emanando fuego.

La lechuza, el último capítulo, supone la sublimación de O como instrumento de placer, fetiche andante. La materia ha pasado por todos los estados, que simplificados son *nigredo*, *albedo*, *citrinitas* y *rubedo*. La esclava está lista para ser reconocida *Opus Magnum*.

Pero antes de la transmutación final, ha de hacer su propia aportación a la hermandad de ctónicos sótanos y entregar Jacqueline a la bestia. Puesto que la exquisita pero fláccida rubia carece de madera de esclava, es su hermana de quince años, Natalie, absoluta devota de O, la elegida. Queda claro, en todo caso, que de momento solo se le concede permiso para presenciar *las actividades*, sin que pueda ser tocada de ninguna manera. El fervor de Natalie supera al de O: admiraba todos y cada uno de los detalles con los que Roissy practicaba sus artes, entendía el amor del dueño que sabe apoderarse sin piedad de aquello que ama, y no sueña más que con el placer del inesperado y furtivo rapto.

Efectivamente, para O Roissy no es un hobbie, sino su verdadera condición, su religión, de la que se siente muy orgullosa. No hay nada comparable a la libertad con la que su amo se sirve de ella, la artesanía sexual con la que ella le place. Es en la casa de Cannes donde O conoce al Capitán, en cuya fiesta será presentada y con quien acabará compartiéndola.

La inocente fotógrafo de moda ha alcanzado finalmente la exquisitez y elegancia de las *geishas* del lejano Japón. Existe rigor y conciencia en todos sus movimientos, y por ello elige la máscara de un ave depredadora: es la diosa salvaje que porta un badajo entre los muslos. La luna casi llena rige los delirios de una fiesta surrealista. Las mujeres asisten con generosos escotes, mientras que los hombres lucen chaquetilla blanca. Nora, oscura como la noche de los tiempos, se abre paso llevando de la correa sujeta a la vulva a la excelsa lechuza, divinidad encarnada, lista para ser devorada por Sir Stephen y el Capitán.

Tal y como se ha mencionado anteriormente, hay dos finales, y ninguno de ellos cuadra con *Retorno a Roissy*, la supuesta segunda parte de *Historia de O*, cuya autoría está en cuestión aunque conste como firmada por Pauline Réage. Antes de abordar esta cuestión, corresponde repasar las diferencias con la película homónima, resaltando una interesante contextualización histórica a partir de la máscara de la lechuza. ¿A qué artista nos remite esta admirable máscara?

O *según Just Jaeckin*

Just Jaeckin (1940-2022) fue un director francés al que el cine erótico europeo tiene mucho que agradecer. Su primera película, *Emmanuelle* (1974), está basada en la novela firmada por la escritora tailandesa Emmanuelle Arsan (1932-2005), aunque años más tarde se reveló que había sido su marido, el diplomático francés Louis-Jacques Rollet-Andriane (1956-2010), quien la había escrito. Se publicó en 1959, y fue distribuida clandestinamente y de manera anónima. Rollet-Andriane fundó la revista *Emmanuelle, le magazine du plaisir* con Just Jaeckin y se publicó desde 1974 a 1976.

Historia de O (1975) fue filmada un año después, y se advierten afortunadas notas comunes con *Emmanuelle*: las escenas estivales de O con Therese resultan muy similares a las de Emmanuelle con Bee. Otro de los aciertos añadidos de Jaeckin fue la de marcar el transcurso de las estaciones del año. Así, la primera escena se desarrolla en otoño, y se respetan los dos comienzos descritos por Pauline Réage: en el taxi hacia Roissy, René (Udo Kier) le explica las reglas básicas a O (Corinne Cléry). El otro comienzo alternativo es que a O la acompañan su amor y otro hombre, que la atan y venden como si fuese una iniciada. Con el fin de no repetirme, señalaré aquellas escenas que sobresalen como trabajo audiovisual.

El primer polvo en Roissy, por ejemplo, en el que los miembros del castillo observan cómo O es montada con un plano *voyeur* que recuerda al utilizado por Wes Craven en *La última casa a la izquierda* (1972). Esta escena refleja el hercúleo trabajo que supone alcanzar el éxtasis ante tales circunstancias.

Jaeckin recrea los sótanos de Roissy como si fuesen una cueva. El invierno en ella se asemeja a una estancia en el inframundo. Pierre, el criado, (Jean Gaven) es quien lleva a O a la mazmorra abovedada cubierta de pieles, y quien la saca de ahí en brazos, merecedora ya del anillo con anilla similar al que llevan los de la *Hermandad de Saturno*. La audaz fotógrafo parisina surge a la luz transformada: como cuando una mujer cristiana se casa, O ha contraído nupcias con una orden, se casa con una práctica.

Corinne Cléry
en la película *Historia de O* (1975) de Just Jaeckin.

También es diferente cómo Sir Stephen (Anthony Steel) trata a O en la adaptación cinematográfica. La diferencia de edad se hace evidente. El excéntrico británico la trata como una muñeca, lo que vuelve a evocar la obra de Bellmer. Finalmente, le regala su original boquilla porque "el hierro le queda bien".

La actriz criolla Laure Moutoussamy encarna a la perfección a Nora, perfilando su austera severidad. En contraste, Jacqueline es interpretada por la sueca Li Sellgren, quien es finalmente la iniciada en Roissy. No se hace mención a su hermana menor de edad por razones obvias.

La popular actriz francesa Christiane Minazzoli es la que encarna a Anne-Marie, la soberbia sacerdotisa lésbica, diestra en el arte de taladrar vulvas y fustigar hasta el desmayo en la estancia circular donde sus dos columnas centrales emiten sonoridades masónicas. Sir Stephen decide reproducirla en su apartamento parisino para gozo de O, y es en ella donde recibe al hijo del capitán que, enamorado, ruega al británico que se la entregue para casarse con ella. La esclava, en cambio, recibe al joven recién azotada por Nora, sudorosa y ardiente, mostrando sin ambigüedad cuál es su voluntad.

En la escena final de la fiesta, a Sir Stephen le lloran los ojos de la admiración y del orgullo al ver entrar a su criada Nora portar a O por la cadena de la vulva, espléndida con su máscara de búho y totalmente desnuda, toda una visión divina. En la película, Jaeckin decide concluir su recuento de manera diferente al libro: O marca a Sir Stephen con la boquilla de hierro candente, causándole una cicatriz con forma de O. Se hace cierta la frase que inicia la novela: "El amo es tan esclavo del amo como el amo del esclavo", lo cual guarda ecos con la dialéctica hegeliana.

En este final alternativo de Jacklyn no se sugiere tampoco lo narrado en *Regreso a Roissy*. ¿Fue realmente Dominique Aury quien escribió la secuela publicada en 1975? ¿Quién fue verdaderamente la mujer oculta tras Pauline Réage? ¿Existió O? Antes de indagar sobre ello, he de volver a la máscara de lechuza que la acólita de Roissy elige para su presentación en sociedad.

Leonor Fini: máscaras y enigmas.

En *Una chica enamorada*, el prólogo de *Regreso a Roissy*, Pauline Réage relata: "No me inventé la máscara, sino que la robé, por lo cual pido excusas de manera tardía, habiendo sido el robo causa de adoración a las máscaras de Leonor Fini." Se refiere a la máscara de búho que la artista italo-argentina Leonor Fini (1907-1996) llevó al *Bal des Oiseaux* en el Palace Rose, París, al final de 1948, siendo anfitrión el Vicomte Carles Benoist d'Azy. Se la describe con un tocado de lechuza de plumas blancas y un largo vestido con plumas negras y verdes. En numerosos periódicos y revistas de la época se publicaron fotos de la artista con este atuendo, siendo las imágenes más difundidas las del fotógrafo de celebridades André Ostier (1906-1994), gran amigo suyo. Ya antes, en 1948, Fini ejecutó varios dibujos en los que aparecen tres misteriosas mujeres con máscaras de pájaros, uno de ellos la enigmática lechuza, como en *Les demoiselles de la Nuit*. ¿Asistiría la discreta Anne Declos a tales *soirées*? Pudiera ser, ya que la Fini también conocía a Jean-Jacques Pauvert, editor de la Aury. Resulta inquietante comparar las siguientes tres fotografías: ver el retrato de la propia Leonor con la máscara realizado por Ostier en 1949; la ilustración que la creadora italiana realizó en 1968 para la edición de lujo de *Historia de O*; y el fotograma de la actriz Corinne Cléry en la película de 1975 de Just Jaeckin.

La teatralidad era parte esencial en la vida de Leonor Fini, siendo una figura indispensable en la recuperación de la vida cultural de París tras la guerra. La pintora italiana reconocía que los disfraces y las máscaras eran una extensión de ella: "A veces mis atuendos son tan extravagantes que la gente se aparta para verme pasar." Mucha gente encontraba la intensidad de Leonor Fini intimidatoria. Es probable que también conociera a Jean Paulhan, quien mantuvo con los surrealistas una magnífica relación, apareciendo junto a Max Ernst en el enigmático cuadro *Una reunión de amigos*, de 1922. En torno a 1936, en una fiesta ofre-

Leonor Fini
fotografiada por André Ostier en 1949.

cida por el aristócrata Jacques Heim, Leonor conoció al itinerante pintor alemán y se hicieron amantes, siendo él diecisiete años mayor que ella. El galerista norteamericano Julian Levy (1906-1981) la describe llevando una botas blancas hasta las rodillas y una capa de plumas blanca en el *Baile Surrealista* celebrado por Tristan Tzara (1896-1963) en su terraza en la noche de San Juan ese mismo año, y en la que los invitados podían llevar lo que quisieran siempre y cuando dejaran al descubierto desde su pecho hasta los muslos.

Más allá, la soberbia entrada de O guiada por Nora tanto en la novela como en la película parece inspirada por el cuadro *El atuendo de la novia*, (*Attirement of the Bride*, 1940) de Max Ernst, sin que llegue a haber acuerdo sobre la identidad de la mujer enmascarada. El lienzo figura expuesto en el Guggenheim de Venecia, y en su leyenda se indica que "pudiera ser" la pintora británica Leonora Carrington (1917-2011), a quien Ernst conoció en 1937, y con quien vivió en Avignon antes de huir a EEUU con la ayuda de la coleccionista norteamericana Peggy Guggenheim (1898-1979), su futura esposa.

Tanto la escena en el cuadro de Ernst como la descrita en la novela y adaptada posteriormente al cine puede ser interpretada en términos de rito de iniciación: el pasaje de la psique a una nueva consciencia, lo cual no está en contradicción con el desarrollo del personaje en *Historia de O*. Así lo sugiere el ocultista norteamericano Stephen Flowers, remarcando que Ernst y los surrealistas sentían una poderosa atracción por la alquimia y sus paralelismos psicológicos. El escritor M.E. Warlick, en *Marx Ernst and Alchemy*, sugiere que la figura central de *El Atuendo de la novia* es un andrógino sugiriendo la boda alquímica, la conjunción sexual del rey y la reina. El escritor aristócrata francés Andre Pieyre de Mandiargues (1909-1991), amigo de Leonor Fini y autor del epílogo de *Retorno a Roissy*, no creía que Ernst se hubiera concentrado mucho en esa ciencia, y tampoco que su trabajo albergara tales significados.

La máscara de búho que sale en la película está tan evidentemente basada en la de Fini que uno se pregunta si pudo haberla realizado ella. No he encontrado constancia de que Aury o Fini fueran consultadas por los productores de la película de Jaeckin; tan solo que a la escritora francesa le gustó la adaptación cinematográfica, aunque no le gustara la actuación de Corinne Cléry. Recientemente un vendedor norteamericano de Ebay declaró que las dos máscaras de búho presentes en la película fueron entregadas a Aury después de que la película fuera estrenada. En todo caso, todos los tocados que Leonor Fini lucía eran espectaculares, y Aury eligió la del búho, admitió en la entrevista a John de St Jorre, porque es un ave de presa y por su asociación con la sabiduría y con la muerte. Si alguien conoció bien el arte de las máscaras fue la "Pauline Réage" de

Dominique Aury, que esperó toda una vida para revelar que su verdadera identidad era Anne Desclos. Y viceversa.

Cabe también preguntarse si todas estas similitudes pueden deberse a que O fuese inspirada en Leonor Fini. Después de todo, también en su obra plástica pueden encontrarse múltiples asociaciones de Eros y Tánatos. Un mínimo repaso por la vida de la genial artista hace que se descarte de manera inmediata tal hipótesis, ya que todo aquel que la conoció la tenía como una mujer muy independiente, en absoluto sumisa. El escritor y cantante George Melly (1926-2007) escribió sobre ella: "Para los que la admirábamos, siempre será la belleza salvaje de pelo, cuerpo y extraño atractivo que nos mira desde sus fotografías; la letal y sin embargo irresistible esfinge, la vampira que más nos gustaría que nos visitara".

En 1942, dos años después de que el pintor Max Ernst pintara El atuendo de la novia, la revista surrealista *Minotaure* sacó un artículo sobre búhos franceses describiendo sus hábitos nocturnos y sus rituales de apareamiento. La mítica conexión entre la lechuza y Palas Atenea, la diosa de la sabiduría también era destacada en el citado texto. Francesca Greenoak, en *All the birds of the air*, subraya que la lechuza es criatura de magia, superstición, y poderes nocturnos. No en vano aparecen dos flanqueando a una de las figuras más enigmáticas del arte, el altorrelieve de *La Reina de la Noche*, esculpido bajo el reinado de Hammurabi

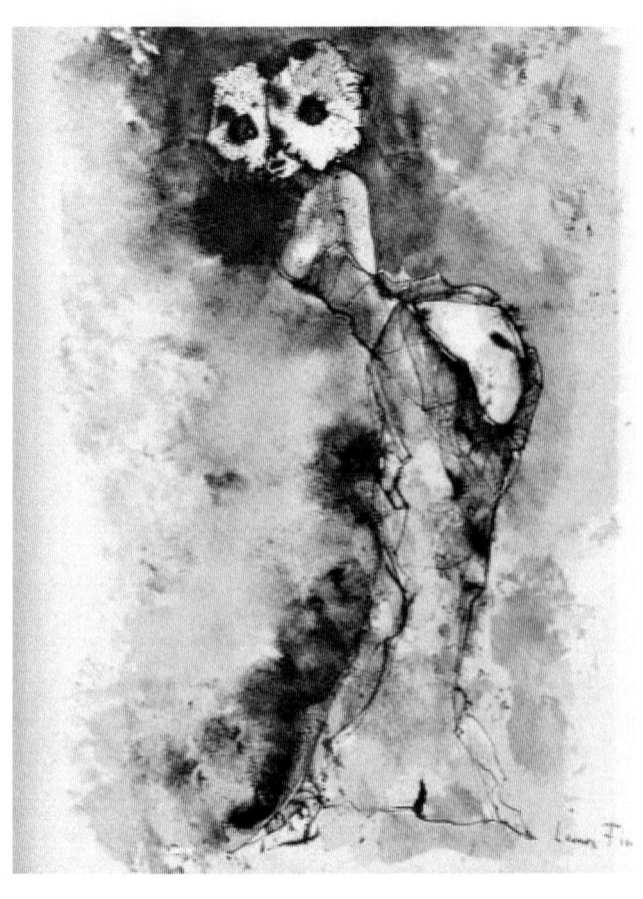

Ilustración de Leonor Fini
para la edición de *Historia de O* de 1968.

hacia el 1800 a.C., y que ahora se hospeda en el Museo Británico. Este simbolismo no se puede pasar por alto en una novela que cuida hasta los más mínimos detalles.

Los misterios de O

Además de la críptica presencia de la máscara, siempre existieron en torno a *Historia de O* numerosos rumores: desde el controvertido tema de su autoría hasta el de la probable realidad de los hechos narrados. En 1955, *Historia de O* recibió el *Prix des Deux-Magots*, y existe una fotografía en el que una mujer encapuchada recoge el premio junto con los escritores Albert Simonin (1905-1980) y Raymond Queneau (1903-1976), ambos miembros del jurado. La encapuchada era ella misma. Puesto que la identidad de Pauline Réage se mantuvo en secreto por más de cincuenta años, las especulaciones concernientes a su identidad fueron disparatadas. Si bien es cierto que un estrecho círculo afín a Dominique Aury conocían la verdad y la custodiaron celosamente, también se permitió que las conjeturas fluyeran. El hecho de que fuera escrito por una mujer le dio un aura diabólica, lo cual alimentó una larga lista de candidatos hombres como ya hemos anotado: Andre Malraux, Henry de Montherlant, André Pieyre de Mandiargues, Raymond Queneau, Jean Paulhan, (el verdadero destinatario de tan fabulosa historia), e incluso un norteamericano, George Plimpton (1927-2003). Este último declaró: "No fui yo, pero es un rumor que prefiero no acallar."

En su prólogo a la publicación original, Jean Paulhan se pregunta, "¿Quién es Pauline Réage? ¿Una soñadora y nada más? ¿O es ésta una dama de amplia experiencia que ha vivido un tiempo en este extraño mundo? A los amantes y místicos les es familiar este sentido de grandeza, este sabor de gozo, el abandonarse uno mismo a la voluntad de los otros. Quizá, después de todo, la capa devora-carne de los mitos es más que una mera alegoría, y la prostitución sagrada algo más que una curiosidad histórica. A veces pienso que, en lugar de una mujer joven, es una idea, un grupo de ideas, una opinión que en este libro se expone a sí mismo a la tortura."

Veinte años después de publicar *Historia de O*, la propia Dominique Aury lo revelaría en *Retorno a Roissy*: en uno de sus breves encuentros de amantes, entregó a Jean Paulhan el manuscrito en el coche. Paulhan no sabía conducir, y Aury le hacía de chófer por París. Aparcados en algún lugar discreto o escondidos en el *Bois de Boulogne*, la traductora iba leyendo cada episodio en voz alta a su amor. Al célebre editor francés le fascinó tanto que no paró de insistir hasta convencer a Dominique para que se publicara. Como he mencionado más arriba, ella accedió siempre que su autoría permaneciera bajo estricto seudónimo.

El primero en leer el manuscrito fue Gaston Gallimard, que lo descartó porque el comité de lectura votó cuatro contra uno a favor: no querían que la editorial se involucrarse en un escándalo sexual. Paulhan acudió entonces a su amigo René Defez, de la audaz editorial *Les Deux Rives*. De inmediato aceptó *Historia de O* e incluso pagó un avance. Poco después una de sus polémicas ediciones acabó en los tribunales, agotando sus recursos financieros, por lo que de mala gana tuvo que renunciar a su publicación. Finalmente Paulhan se lo entregó al innovador editor Jean-Jacques Pauvert, quien ya había lidiado en los tribunales durante ocho años por haber publicado la obra completa del Marqués de Sade. Pauvert se lo leyó de un tirón en una noche y le pareció un gran libro. Conocía a Dominique Aury como periodista, traductora y escritora, y en seguida reconoció su estilo.

Pauvert decidió sacar una edición memorable de la novela en 1954. La primera edición de *Historia de O* se imprimió en papel fino y tenía una preciosa portada amarilla con el título en negro, junto con una página de título en dos colores. En algunas copias la página de título estaba ilustrada por un grabado de Hans Bellmer. Paulhan aportó el prólogo, titulado *Felicidad en la esclavitud*, alabando el libro y llamándolo peligroso y decente a la vez. Pauvert imprimió dos mil copias. Entre todos produjeron un libro raro y precioso, de coleccionista. Paulhan y Paurvert corrieron con todos los gastos iniciales, y los derechos de autor fueron registrados a nombre de la editorial Jean-Jacques Pauvert. Se acordó que el texto de *Historia de O* y el prólogo de Paulhan fueran tratados como una sola entidad, esto es, que los dos textos se publicaran siempre juntos. El autor recibiría un 12% de los derechos, y Paulhan un 3%. Maurice Girodias, de *Olympia Press*, obtuvo los derechos para la edición en inglés y encargó una traducción rápida. Y así es como una carta de amor privada pasó a ser una de las novelas eróticas de más influencia del siglo XX. No tardó mucho en estar en boca de intelectuales y críticos, y escritores como George Bataille y André Pieyre de Mandiargues la alabaron grandemente.

Al ganar el premio literario *Prix Deux-Magots*, que reconocía trabajos nuevos y poco convencionales, confirmó su calidad literaria, efectivamente, pero también atrajo la indeseada atención de las autoridades. Al poco de haber sido publicada, *Historia de O* fue escrutada por el gobierno francés y la correspondiente Brigada *Mondaine* del Vicio. Pauvert, Girodias y Paulhan fueron llamados a comisaría e interrogados sobre el autor. Ninguno cooperó, todos rehusaron revelar nada sobre el escritor de O y su paradero. Sea como fuera, la policía acabó yendo al domicilio de Dominique Aury, aunque el principal sospechoso fue siempre Jean Paulhan, quien verdaderamente fue presionado por las autoridades. Él declaraba siempre lo siguiente:

"Hace tres años, la señora Pauline Réage me visitó en mi oficina y me entregó un grueso manuscrito." La verdad, como se verá, fue bien distinta.

Paulhan también tuvo que soportar acoso social, con ataques de sus propios colegas literarios. La polémica coincidió con su candidatura para ser miembro de la *Académie Française*. El día de la votación, sus oponentes colocaron copias de *Historia de O* sobre la silla de cada miembro de la cámara. Esta táctica no impresionó a nadie y, como puntualizó Dominique Aury décadas más tarde: "Paulhan pasó a ser miembro de la Academia, ¡y además vendimos cuarenta libros!"

Tal y como Dominique Aury explicó al periodista John de St. Jorre, las acciones legales de las autoridades francesas contra *Historia de O* acabaron de repente y de manera extraña. Una amiga de Aury conocía al que acababa de ser nombrado Ministro de Justicia, Emmanuel Temple. Ante la sugerencia de Paulhan, la traductora le pidió a su amiga que intercediera para conseguir una entrevista con él. Tres días más tarde, Aury recibió una invitación para almorzar en Croissy, un suburbio al suroeste de París. Compartió mesa con el gobernador del Banco de Francia, el Ministro de Justicia y su amiga. Charlaron animadamente, tomaron café y se marcharon. Aury recuerda que el Ministro la acompañó hasta el coche, y que después de besar su mano se declaró encantado de conocerla. Al día siguiente se emitió un comunicado ministerial deteniendo todo procedimiento contra *Historia de O*. De acuerdo con el sistema legal francés, ya no se podía llevar a cabo ninguna otra acción legal ante tal dictamen ministerial. Supuso el final del acoso institucional a O.

La versión en inglés, en cambio, continuó sometida a presión. La Brigada *Mondaine* visitó las oficinas de *Olympia Press* y embargó *Historia de O* y *Lolita* (1955), de Vladimir Nabokov (1899-1977), junto con un puñado de libros puramente pornográficos. Ante ello Girodias contrató a un nuevo traductor para mejorar el texto en inglés de *Historia de O*, cambió el título al ambiguo *La sabiduría del látigo* y reimprimió el libro.

Sexo y alquimia

Edgar Allan Poe declaró que la mente humana puede imaginar aquello que jamás ha existido. Así, Aury defendió incansablemente que *Historia de O* no era más que un cuento de hadas que no existía más que en las páginas de su libro. "Hay fantasías que son invivibles", proclamó la traductora y crítica. Lo único que hizo fue reunir sus propias ensueños sexuales, concebidos en su solitaria adolescencia, y mezclarlos con lo que intuía que podría gustar a Paulhan. El resultado ha acabado siendo una obra maestra de misticismo pornográfico. En cada uno de sus pasos, O anhela la trascendencia. En *Edith Thomas: a passion for resistance*, Dorothy Kaufmann confirma el comentario de Aury: "la fantasía de un deseo no es lo mismo que el deseo de que esa fantasía se vuelva realidad." Thomas Moore anota también: "Lo atroz en ficción no es lo mismo que lo atroz en la vida real. La naturaleza de la literatura es catártica".

En todo caso, nunca cesaron los rumores de que *Historia de O* estaba basada en una sociedad secreta. El ocultista norteamericano Stephen Flowers, autonombrado *Gran Maestro de la Orden del Triskelion*, no duda de que *Historia de O* alberga un mensaje de gran significación mística, y que se enlaza con un linaje de sociedades secretas del siglo XIX devotas al sexo mágico. Se trata de un mensaje de transformación personal en el que el alma humana va logrando niveles de empoderamiento y trascendencia. Su interpretación de la controvertida novela coincide con lo destacado por Susan Sontag: ensalza la trama en la que sucede una transformación de la personalidad a través de una experiencia psicosensual muy familiar a chamanes y faquires con prácticas tántricas ancestrales. Tales rituales fueron luego incorporados a la contemporaneidad de la mano de Gerald Gardner (1884-1964), Aleister Crowley (1875-1947), y William Seabrook (1884-1945), miembro de la *Confrérie de la Flèche d'Or*. Como he comentado brevemente, esta última institución se estableció en París en 1930 gracias a la dedicación y el compromiso de Maria de Naglowska, también conocida como la *Sofía de Montparnasse*. El investigador ocultista Robert North incluye entre los miembros de tal *Hermandad* a escritores franceses como Michel Leiris, Georges Bataille, Pierre Klossowski y el mismo Jean Paulhan.

Flowers admira el juego de palabras: O significa *agua* en francés, una sabiduría que fluye en la narración y que alcanza su apoteosis final en la máscara de la lechuza, el símbolo de Atenea. El hecho de que Dominique Aury reconociera que robó la idea de la artista Leonor Fini no descarta su teoría: para hacer convincente una ficción hay que dar detalles que constituyen una verdad. Las premisas pueden ser falsas, fantásticas o delirantes, pero los detalles han de ser auténticos. Tal es para el ocultista norteamericano la tarea del escritor, quien subraya el simbolismo erótico del nombre "O", su forma de sexo femenino. "O" es sencillamente la primera sílaba del primer seudónimo de Dominique: Aury. Toda una eclosión de gloriosas coincidencias, igual que el Triskelion grabado en el anillo y el collar de esclava.

El argumento de Stephen Flowers es persuasivo, y mucho más para los conocedores del hermetismo psico-sexual del renacimiento esotérico en Francia: hombres y mujeres afiliados a varias órdenes como la masonería, la Hermandad Hermética de Luxor , el Martinismo, la cábala rosacruciana y otras hermandades. Como editora para *Gallimard*, Aury conocía bien el creciente interés por el hermetismo en la Francia contemporánea, y el resurgimiento de una genuina pasión por las sociedades secretas heredado del XVIII y XIX. Soñaba con ellas, y reconocía sentir atracción por las prácticas ritualistas y el papel de lo femenino en las hermandades mágicas. Cuando la guerra comenzó, cumplió su sueño de formar parte de una red clandestina, la de la resistencia francesa, donde, por otra parte, colaboró con el hombre que amaba, Paulhan.

¿Podrían aplicarse otros análisis semióticos para proseguir el descenso por los sótanos de O? Para ello hemos de cubrirnos de nuevo con la máscara de lechuza y dejarnos guiar por una de las grandes sacerdotisas del siglo XX, Leonor Fini. Ya he mencionado que hay fotografías que testifican su presencia en el *Bal des Oiseaux* en París en 1948. No fue el único baile de máscaras: similares *fiestas surrealistas* recorrieron el siglo pasado contando casi siempre con dos hechizantes presencias: la de Leonor Fini y la de Salvador Dalí. Basta con una mirada atenta para percibir las intrigantes similitudes con aquella otra noche ficticia en la mansión de Cannes, donde el Capitán y Sir Stephen acaban consumiendo a O.

Existen numerosos documentos fotográficos de la primera fiesta de Salvador Dalí en el Hotel del Monte en Monterrey, California, el 4 de septiembre de 1941. Se le llamó *Noche surrealista en un bosque encantado*, y pretendía recaudar fondos para los artistas refugiados a causa de la II Guerra Mundial. La mesa de comedor era una larga cama, y en torno a ella, custodiando a los selectos comensales, altísimas estatuas con cabezas de animales. En la entrada del salón se hallaba un coche en cuyo interior había una modelo desnuda que simulaba estar muerta por accidente automovilístico. Había sacos en el techo y calabazas recorriendo la larguísima cama-mesa, en cuya cabecera presidía Gala Dalí entre sábanas de terciopelo rojo. Los invitados habían de ir vestidos con disfraces inspirados por sueños, *Come as your dream*. En 1954, Kenneth Anger (1927-2023) celebraría una fiesta de disfraces similar llamada *Come as your madness*, hospedada por la artista Renate Druks y que inspiraría su corto *Inauguration of the pleasure dome, -La inauguración de la bóveda de placer-* (1954), con la magnética presencia de otra sacerdotisa del s. XX, Marjorie Cameron (1922-1995), y cuyos disfraces parece fueron inspiración para la más controvertida de estas fiestas, la de los Rothschild en 1972.

Pero antes de llegar a las excelentes extravagancias que se dieron lugar en el Chateau de Ferrières, hubo otras y muy sonadas: el *Bal Oriental* del 3 de septiembre de 1951 en el Palacio de Labia en Venecia. En esta ocasión el anfitrión fue el Conde Beistegui, gran amigo de Dalí, quien vestía un diseño de Christian Dior, que a su vez lucía un diseño del extravagante catalán. La artista italo-argentina apareció vestida de ángel negro. El 5 de diciembre de 1969 vuelve a suceder otro *Bal Oriental* en en el Hotel Lambert de París, con el Barón de Redé recibiendo a sus selectas amistades en un salón flanqueado por dos enormes elefantes de papel maché. Indiscutiblemente superó con creces al soso baile *Blanco y Negro* que Truman Capote celebró en el Hotel Plaza de Nueva York en 1966. Y por fin, simbolizando una era, el *Bal Surrealiste* del 12 de diciembre de 1972, germen de loquisimas teorías.

Oficialmente conmemoraba la muerte de Marcel Proust (1871-1922), que poco tuvo de surrealista. Los platos estaban forrados con pelo negro y había muñecas desmembradas sobre la mesa. El menú, también emanado de la fascinante imaginación de Salvador Dalí, ofrecía queso de cabra al horno en "tristeza poscoital" entre otros manjares. Y de postre, una mujer-muñeca de tamaño natural hecha con azúcar y otras golosinas. El código de vestimenta rezaba: "Traje de etiqueta, vestido de noche y cabezas surrealistas". El soberbio catalán no acudió vestido, declarando que su cabeza era de por sí lo suficientemente surrealista como para ir al descubierto. Audrey Hepburn llevaba una jaula de pájaros similar a la de Anais Nin en la fiesta de Kenneth Anger y en *Inauguración de la bóveda del placer*. Otra invitada llevaba una manzana tapándole el rostro, en referencia a *El hijo del hombre*, un lienzo del pintor belga René

Magritte (1898-1967). Leonor Fini lució un espectacular tocado de plumas negras acompañada por Brigitte Bardot en blanco. La más espectacular fue la de la anfitriona, Marie-Hélène de Rothschild, con una formidable cabeza de ciervo que lloraba lágrimas de diamantes auténticos.

Mucho se ha hablado del simbolismo oculto de esa soirée. Lo curioso de lo oculto es que está visible por todas partes y nos hacemos los ciegos porque nos conviene: los oficios herméticos absorben mucho corazón. El ciervo, efectivamente, posee un rejuvenecedor significado en la filosofía rosacruciana, y así lo recoge el *Grand Rosicrucian Alchemical Formula* de 1678. Paralelamente, los bailes con máscaras de animales llevan celebrándose desde tiempos inmemoriales, tal y como desarrolla el autor francés Jacques Marcireau (1909-1985) en su fascinante tratado *Ritos sexuales*. Con ello concluyo este breve y festivo paréntesis, pero sin llegar a salir de liminalidades surreales.

"El erotismo que se encuentra en Historia de O", escribió George Bataille en la *Nouvelle Revue Française* en mayo de 1955, "también contiene su aspecto imposible: aceptarlo es asumir lo imposible, o mejor dicho, aceptar que desear lo imposible constituye el erotismo. La paradoja de O es similar al del visionario que muere porque no muere, o el martirio que consiste en la compasión que el torturador muestra a la víctima. Esta novela traspasa la palabra, rompe sus propios límites, y esparce fascinación revelando la más grande fascinación ejercida por lo imposible. Lo que es imposible aquí no es solo la muerte, sino la total y absoluta soledad."

El ocultista y doctor norteamericano P.B. Randolph aconseja en su *Magia Sexualis* que "la unión del hombre con la mujer en el ritual de sexo mágico sea inocente. La lujuria por el placer no puede ser el principal propósito." Es por ello que Stephen Flowers destaca que la fuerza que guía a O no es el placer, sino el amor. Aury confirma las palabras del ocultista norteamericano: las torturas a las que O se somete son la prueba de su rendición. Los hombres adoran la obediencia porque les hace evitarse a sí mismos. Las mujeres utilizan para ello la maternidad y la prostitución. "Al final el mejor uso que puedes hacer de tu cuerpo es probarle al hombre que amas que le perteneces," continúa Aury. "Que te mate la persona que amas es la cumbre del rapto. El infierno es la vida de todos los días, cuando estás sola". Con estas sulfúricas palabras, la escritora francesa nos posiciona a los que amamos sobre un aterrador precipicio.

Vivir en el precipicio

En su libro *Literary Landfall*, Dominique Aury admite que "escribió *Historia de O* como si sacudiera los barrotes de una prisión, como cuando uno golpea los muros y llama a la noche". O, con su existencia y comportamiento, le da a Anne Declos la oportunidad de liberarse, de romper el silencio, y de dar luz a un universo erótico tan loco y obsesivo como el de *Historia de O*. Convirtiéndose en Pauline Réage, Anne/Dominique estaba transformando su personalidad. Es, en esencia, "el viaje del héroe". O de la *heroína*: el universo de Réage es venusino, recuerdo, en contraste con lo saturniano en Sade, que es con quien intentó medirse en aquel reto con Paulhan. En los textos del Divino, no hay texturas, sino mecánicas.

"Cuando Ovidio eligió el título *Las metamorfosis*, lo hizo pensando en el poder transformativo y productivo del lenguaje, la *poiesis*," afirma el escritor británico Don Cupitt en *What is a story*. "Constituido de lenguaje, el yo no puede evitar ser lo que el lenguaje produce. Misteriosamente, el yo es una identidad en constante transformación". Podría decirse que así es como la extraña Anne Declos se transforma en la traductora y crítica literaria Dominique Aury, de comportamiento público tan correcto que ha de crear a Pauline Réage para canalizar el amor socialmente inaceptable que siente por Jean Paulhan. Don Cupitt continúa, "volvemos a escuchar a Scheherazade posponiendo la muerte mientras cuenta historias durante la noche. La narrativa, sólo la narrativa, conquista la oscuridad y el vacío." Esta historia, piedra fundamental sobre la que se ha desarrollado el arte "perverso" del s. XX, se confirma, efectivamente, como una de las cartas de amor más feroces jamás escritas. A mí personalmente me aterra más la oculta historia de amor entre Anne Cecile y Paul que cien mil latigazos sobre la piel sangrante y una vulva taladrada. No sé si la Beauvoir y sus *secuazas* serían capaces de entenderme.

Cuando en 1968 se celebró el funeral de Jean Paulhan, solo unos pocos reconocieron a la traductora francesa caminando sola detrás del ataúd. Entre las muchas coronas de duelo dedicadas al genial intelectual francés, había una enorme sin nombre. Eso es lo que ella fue durante toda su vida, ausencia pura.

La infancia y la adolescencia de quien llegaría a conocerse como Dominique Aury (y a desconocerse como Pauline Réage) fue poco convencional: su familia había vivido a caballo entre el Reino Unido y Francia, y así es como adquirió una inusual destreza en ambos idiomas. Siendo niña fue enviada a vivir al campo con su abuela paterna porque su madre no quería criarla. Saciaba su sed de saber en la poblada biblioteca de su padre. Calmó su deseo sexual como muchas jóvenes de su época, con compañeras, que estaba mucho mejor visto y suponía menos riesgos que experimentar con hombres jóvenes.

Aunque se graduó para ser profesora de inglés, acabó practicando periodismo y traduciendo novelas del inglés al francés. Colaboró con numerosas revistas literarias durante la guerra hasta que entró en la reputada editorial *Gallimard* en 1950. Realizaba traducciones del inglés al francés, además de ser parte del comité de lectores que leía los manuscritos y elegía títulos para publicar. Fue cuando eligió su primer seudónimo, "Dominique", porque era genéricamente ambiguo, y "Aury" por el apellido de soltera de su madre.

Paulhan tenía unos cincuenta años, veinte más que ella. Estaba divorciado de su primera mujer, con la que tuvo dos hijos, y estaba casado con otra mujer que tenía una hija y un hijo de un matrimonio anterior. Se le consideraba uno de los intelectuales franceses más influyentes de la época, trabajando como editor de la *Nouvelle Revue Français*, la revista literaria más distinguida del país desde 1925 hasta que la ocupación alemana de Francia forzó su temporal interrupción.

Aury había encontrado en la *Bibliothèque de l'Arsenal* una colección de poemas religiosos franceses del siglo XVII. Su padre la puso en contacto con Paulhan, quien tenía reputación de accesible y de animar a nuevos escritores. Le gustó tanto la colección propuesta por Dominique Aury que convenció a Gaston Gallimard, el director de la editorial, para que la publicara. Durante el proceso de edición de éstos, Aury le puso una copia de la clandestina *Lettres Françaises* en el bolsillo, diciéndole que no se lo enseñara a nadie. Jean Paulhan sonrió, revelándole que él era el editor e impresor de la publicación clandestina. Colaborar con la Resistencia

Francesa fue una actividad muy arriesgada. Durante aquellos lúgubres días de la ocupación alemana acabaron haciéndose amantes, añadiendo otro elemento de clandestinidad a su relación. Después de la guerra, Aury trabajó por un tiempo con André Gide (1869- 1951) en una revista llamada *L'Arche*, y cuando ésta colapsó, se unió a Paulhan en la nueva revista literaria que publicaba *Gallimard*. Para entonces, todo el mundo conocía su romance. Ella era una mujer soltera, viviendo entonces con sus padres. Él tenía una familia y estaba casado con una mujer que ya estaba sufriendo los implacables síntomas del Parkinson. Aury recuerda que le amaba más que nunca, y que él parecía amarla a ella, aunque la fidelidad no era su fuerte. Le gustaban las mujeres, y había varias en su vida.

A principios de los cincuenta, empezó a sentir miedo de que la pasión de él disminuyera. Pensó en alguna manera extraordinaria de expresarle su amor, llevar a cabo una seducción novedosa, algo que apelara al intelectual y hombre de letras al que le gustaban demasiado las jovencitas. Sabía que era admirador del Marqués de Sade porque había escrito elaborados prólogos y artículos. Fue cuando le preguntó si pensaba que una mujer podría escribir un relato erótico a la altura de Sade. Ante el escepticismo de Paulhan, Aury comenzó a escribir una historia que mezclaba sus propias fantasías sexuales con las perversas influencias del divino Marqués.

Escribió *Historia de O* por la noche, apoyada sobre su lado izquierdo, con los pies malamente arropados. Su lápiz garabateaba frases que parecían los amorosos susurros que los amantes se expresan en la oscuridad, y con el ímpetu de quien ha mantenido durante demasiado tiempo una desmesurada pasión que por fin fluye. Por primera vez en su vida estaba escribiendo sin dudar, sin parar, reproduciendo sus íntimas ensoñaciones de la misma manera que uno respira después de permanecer durante mucho tiempo bajo el agua. El constante murmullo de los coches en la calle decrecía, ya no se oían las puertas cerrarse, y París se iba escurriendo en el silencio. Aury seguía escribiendo cuando los barrenderos pasaban con las primeras luces del amanecer.

Así, noche tras noche, continuó escribiendo hasta las tempranas horas de la mañana, urdiendo una historia para salvar su vida, esto es, para salvar su amor. Según iba concluyendo los capítulos, se los enviaba a Paulhan llena de emoción, sin conservar siquiera copias de carbón. Él devoró el manuscrito ávidamente. Se convirtió de inmediato en su primer y más ferviente admirador.

Retorno a Roissy

Mientras que *Historia de O* es puro sueño, pura fantasía, *Retorno a Roissy* supone la realidad que sustenta esa fantasía con toda su banalidad, sordidez y dureza. Comenzó siendo el último capítulo del texto, pero uno de los miembros del trío O, (no se sabe si Aury, Paulhan o Pauvert) se decidió en contra de su inclusión en el libro original. Y en 1968, estando Jean Pauvert en medio de una fuerte crisis económica, le pidió a Aury que arreglase aquel capítulo para componer un nuevo libro.

En un tenso aviso firmado por Pauline Réage, se establece lo siguiente: "Las páginas que siguen son una secuela de *Historia de O*. Sugieren deliberadamente una degradación de ese trabajo, y no pueden ser, bajo ninguna circunstancia, parte integrada." La segunda parte, más pequeña pero de gran interés documental, era el ensayo- prólogo en el que Aury describe cómo llegó a escribir *Historia de O*. Tituló ese ensayo, *Una chica enamorada*, y lo firmó como Pauline Réage. El libro fue publicado en 1969.

Me sentí muy impresionada cuando leí que Aury había escrito el texto *Una chica enamorada* en la primavera de 1968, y en la habitación del hospital donde su amado Jean Paulhan estaba muriendo. París estaba a punto de estallar en revolución, con las calles llenas de barricadas y los estudiantes a palos con la policía. El gobierno del presidente de Gaulle estaba perdiendo los nervios, y la amenaza de la guerra civil avanzaba ineluctable. Paulhan convalecía en una clínica en el suburbio parisino de Neuilly, y Aury dormía en un camastro en su habitación. Se pasó meses trabajando en Gallimard en el sur del Sena por el día, para luego conducir hacia el norte atravesando calles infestadas de gases lacrimógenos para estar al lado de Paulhan por la noche.

No pidió permiso a nadie para quedarse: durante una de sus primeras visitas había visto una sórdida cama plegable, y decidió hacer uso de ella. El personal de la clínica la trató fatal al principio, pero no se atrevían a echarla. Después de las primeras semanas, mostraron más respeto. Estuvo durmiendo ahí durante cuatro meses, hasta que Paulhan falleció.

Los miembros de la familia del editor francés iban y venían, excepto su mujer Germaine, que a causa de su enfermedad estaba confinada en casa. Germaine sabía de su relación, pero no la aceptó nunca. El resto de su familia eligió adoptar una actitud más filosófica, ya que la relación entre la escritora y el editor, aunque discreta, transcurría abiertamente: viajaban juntos al extranjero, a Venecia, Nápoles, Guinea, donde Aury tenía amistades. Allí fue donde Paulhan le compró el anillo de sólido oro con forma de escarabajo que Aury llevó en su anular hasta su muerte.

Años antes, el editor francés había preguntado a la escritora qué quería como regalo. Poseía una valiosa colección de pinturas, podía vender alguna y emprender con ella un largo viaje, o comprarle una casa. Aury optó por lo último, para estar con él lo máximo posible.

Jean Paulhan murió en octubre de 1968, a la edad de ochenta y tres años, y la vigilia nocturna de Aury en la clínica Neuilly acabó. Germaine Paulhan aún sobrevivió catorce años más totalmente paralizada.

Se le ha reprochado repetidas veces a Aury que O reprodujera "fantasías de hombre". Ella siempre respondió: "De hombre o de mujer, son fantasías honestas. Nadie parece comprender que no hay realidad ahí, que nadie soportaría ser tratado así. Mi novela es enteramente una fantasía".

La relación de amor entre estas dos grandes figuras literarias francesas duró tres décadas, durante la guerra y la paz, la ocupación y la liberación, y en paralelo al segundo matrimonio de Paulhan. Él nunca consideró el divorcio considerando el avanzado estado de Parkinson de Germaine. Así, el amor entre Aury y Paulhan transcurrió en la semi-clandestinidad, marcado por momentos de gran pasión y también angustia, produciendo el más extraño de los vástagos: la primera novela erótica explícita escrita por una mujer y publicada en la era moderna.

La Baronesa Marie-Hélène de Rothschild y su marido
Guy de Rothschild en el Baile Surrealista de 1972.

Epílogo

No he encontrado documento que pruebe que Georges Bataille y Dominique Aury llegaran a conocerse. Tenían múltiples amistades comunes, por lo que no es raro imaginarse un encuentro entre ellos. Aunque Dominique Aury no citara nunca que *Historia del Ojo* hubiese sido una de las influencias para su libro, seguro que lo leyó y sirvió como estímulo para que su imaginación se expresara libremente, sin autocensura. Georges Bataille, como he señalado, sí alabó *Historia de O*, siendo lógicamente uno de los primeros intelectuales que reseñó la controvertida novela y celebró su calidad y su audacia.

He ido introduciendo ideas que Thomas Moore desarrolla en *Eros Oscuro*, donde realiza un examen de los insospechados poderes poéticos e imaginativos contenidos en la violencia sexual. Cuando habla de las imágenes pervertidas, las tiene como un complemento del universo que ha sido aceptado y representado sin vergüenza, creciendo en el secreto y en la inviolabilidad.

"Cuando tales fantasías encuentran su camino a la luz, se libera con ellas un oscuro brillo envuelto en un velo de vergüenza y culpabilidad, señales de que un poderoso inframundo acecha no lejos de nuestra superficie como personas. Su expresión requiere ciertos géneros para que se respete su timidez vampírica, como son la confesión o la pornografía. La confesión nos emociona porque nos hace testigos del afloramiento de lo profundo y durmiente del material del alma."

Tanto *Historia del Ojo* como *Historia de O* navegan indudablemente entre estas dos aguas; la primera novela como resultado de una terapia de metodología inclemente, y la segunda como una carta de amor cuya ferocidad no deja de devorarnos. En ese sentido, Dominique Aury quizá no fuera una obvia libertina como su oponente, el Marqués de Sade, o una disoluta sutil como el perverso bibliotecario de ojos claros, pero indudablemente sí nos liberó de las imposiciones del pensamiento civilizado, tal y como se propone en *Dark Eros*. Es incuestionable que este tándem literario nos acerca al "hombre entero, no mutilado", que perseguía Georges Bataille.

Por eso considero que este es el lugar adecuado para presentar mi cuento *Historia de Cayetana*, que escribí con 23 años. Es un homenaje confesado a Pauline Réage y Georges Bataille, siendo el verdadero catalizador Quico Cadaval, excelente dramaturgo, director de teatro y amigo leal durante décadas, con quien aprendí lo esencial del arte de narrar y que de algún modo actuó como mi "Dr. Borel". Era 1991, y le conocí a tiempo para asistir a la última representación de *O Códice Clandestino* en una de las emblemáticas plazas de Santiago de Compostela, quemándose después su fascinante escenario de cartón como parte de la festividad de la *Noite Meiga*. Tanto él como el resto de los componentes de su grupo de teatro *O Moucho Clerk* me sirvieron de inspiración en aquellos jóvenes años en los que las ganas de hacer algo eran siempre más grandes que la técnica para llevarlo a cabo.

El hecho de que *Historia de Cayetana* cierre este pequeño volumen pudiera significar que un ciclo se cierra. Muy al contrario: han pasado 34 años y está todo por hacer, todo por escribir. Como se expone en *Dark Eros*, la literalidad es la única enfermedad real. Lo verdaderamente enfermo es carecer de imaginación.

Madrid, 29 de marzo de 2025.
Eclipse parcial de sol en Aries.

Historia de Cayetana

Homenaje a Pauline Réage, y Georges Bataille.

Dedicado a Antonio, un socialdemócrata.

Antonio recibió a Cayetana cuando ésta tenía siete. Sus amigos se la regalaron por su cumpleaños. Cayetana miró a Antonio como si fuese un edificio. Ven, Cayetana, le dijo Antonio cogiéndole de la mano, te enseñaré la casa. Ella aún recuerda el sonido de la puerta cerrándose tras ellos.

Lo primero que hizo Antonio a la nena fue desnudarla y bañarla. No usó esponja, sino sus manos. Cuando le metió el dedo en el culo, Cayetana pensó que ese señor era un guarro y se iba a manchar de caca. Se incomodó mucho más cuando le metió el dedo en la vagina porque ella no sabía que hubiese otro agujero al lado del de mear. Se sintió tan incómoda que empezó a sentir mucho miedo, un miedo que el tiempo fue disolviendo hasta que todo llegó a ser natural. Ella apenas recuerda los primeros meses con Antonio. Guarda la sensación de un cuarto oscuro, un agua tensa. No sabe cuándo empezó a sentirlo de otra manera, con las ventanas abiertas.

Cuando regresó a la habitación después de ser bañada y secada minuciosamente aquel primer día, sintió el deseo de revolver en su maleta, como estaba haciendo Antonio, para ver si habían metido su muñeca. Antonio sacó su camisón y se lo puso. Se hizo de pronto muy de noche y se acostaron en seguida, ese señor abrazado muy fuerte contra su pecho. Cayetana no tenía sueño y tardó mucho en dormirse, aparte porque sudaba mucho porque ese señor la abrazaba demasiado fuerte contra su pecho, se moría de calor, ella no quería moverse por si acaso no sabía bien qué.

Quizá no fuese ya en la primera mañana: Antonio lo hacía bastante a menudo, sobre todo cuando volvía de viaje. Le daba de desayunar, y de comer y de cenar, con la mano, metía los dedos en su boca como una vez vio hacer con el pico a una paloma con sus pichones. Al principio no podía controlar las arcadas, luego se acostumbró a aguantarlas, además por lo de la polla. Tardó mucho en acostumbrarse a su sabor tibio, al paladar que dejaba áspero, a tragárselo. Antonio también controló las lecturas de Cayetana desde el principio. Le hacía leer y mirar libros con ilustraciones, y Cayetana siempre leyó y miró lo que Antonio le decía. Recordaba muy bien lo leído y lo visto, cuando él le preguntaba, pero le daba realmente lo mismo todo eso. Al principio le daba francamente lo mismo. Lo que más le gustaba a Cayetana era dormir, acostarse o tumbarse, apagar la luz o cerrar los ojos, y que se moviesen las criaturitas del sueño. Aunque Antonio le estuviese metiendo la lengua, los dedos o la polla por los sitios posibles. Esperaba que terminase y luego era cuando no estaba Antonio. Porque Antonio estaba siempre, bajándole las bragas para ir a mear, cuando se despertaba, cuando no quería hacer cuentas y quería jugar con los cojines de los sillones como marionetas o correr y escurrirse por los pasillos, o hacerse trencitas en el pelo. Pero sobre todo estaba cuando quería comer sola el pastel de manzana, Antonio le metía los trozos en la boca con dedos muy pequeñitos. Estaba tanto Antonio en el pastel de manzana que empezó a odiarle por eso. Y la primera bofetada que le pegó Antonio fue por eso. Porque ella cerró mucho la boca porque quería comer sola el pastel. Y Antonio se la quería abrir y ella apretó los labios y los ojos y al final acabó también apretando sus bracitos contra su pecho y sus muslos cruzados y el culo porque no quería que Antonio le metiera nada por ningún sitio.

Entonces los cachetes se volvieron habituales. Pero no en la cara, sino en el culo. Cayetana recuerda perfectamente el sonido de los azotes en el culo, y la vibración, el escozor, sobre todo cuando su culo o las manos de Antonio estaban mojadas. Dolía más. Cayetana también recuerda los hipidos de cuando lloraba, que era sólo de vez en cuando, sólo cuando se aburría, y cómo le picaban los ojos al día siguiente: se quedaba durante minutos seguidos en los espejos y mirándose la cara hinchada. También recuerda el día que sintió que creció, que había crecido. Y empezó a darse cuenta de muchas cosas. Debía tener unos doce años o así, y Antonio los cuarenta.

Puede que fuera poco antes o poco después de la cena. Pero no puede aclararse, asocia las dos cosas. El día que Antonio la vistió para ir a una cena con unos amigos. Vio a hombres y a mujeres. Los hombres le parecieron todos lo mismo, y los de bigote o barba le dieron asco. Las mujeres también parecían iguales, a no ser por las tetas, que las hacían diferentes, y Cayetana supo que ellas lo sabían: las mujeres se diferencian por las tetas, las caderas y el culo. Cayetana asocia esa cena y los pensamientos que se iniciaron sobre las tetas, su cuerpo y el tiempo, el vello de su coño y las axilas. Hizo memoria de lo anterior vivido y empezó a observar con más atención el mundo a su alrededor. Aunque Antonio la seguía dando de comer, él seguía siendo el mismo. Sólo fue aprovechando las nuevas circunstancias, como afeitarle el coño de diferentes maneras, por ejemplo. A veces poco, a veces mucho, a veces nada. Quizá por eso, cuando Cayetana empezó a vivir sola, una de las primeras cosas por las que se sintió libre fue por su coño, al que le dejó crecer mucho pelo, y se lo miraba en el espejo, orgullosa, como un triunfo.

Ahora debe tener unos veinticinco. Trabaja en una sastrería en una ciudad distinta de la de Antonio. Porque cuando vivía sola en la misma ciudad de Antonio y se encontraban, sentía cosas que no podía controlar. Alguna vez pensó si esas cosas que sentía era amor, pero no podía razonar acerca de ello, se quedaba atascada en el sentir de esas cosas. Ahora no sabe nada de él, ni él de ella. El Sr. de la Serra, dueño de la sastrería, le invita a salir, le propone hacer cosas juntos, y algunos clientes también. Pero a ella no le apetece, le entra pereza. Lo que más le sigue gustando es el sueño y sus criaturitas, a las que ahora se suman imágenes de ella niña con Antonio, la casa, los silencios, las mamadas, el olor, los libros, espiarle tras las puertas, sus rasgos, sus manos, su cara después de afeitarse, los cajones y la música que le hacía escuchar y a veces pone, y otras sensaciones similares que le gusta encontrar y recorrer desde el principio hasta el final, como cuando se acordó del juego de los bolsillos.

Antonio lo llamaba juego, pero Cayetana acabó por sentir que no lo era, ni una rebeldía, ni una manía. Ella lo hacía, un día empezó a hacerlo. Puede que se le ocurriera uno de esos días de viaje de Antonio. Cayetana se quedaba sola, la mujer que limpiaba le dejaba la comida hecha antes de marcharse a las dos.

Cayetana tenía entonces todo el tiempo para ella. Se pasaba horas en el baño, sentada en el water, mirando las ilustraciones o cantando y escuchando su voz con el eco. Comía en la bañera y en la cama, tardaba muchísimo en comer, se tiraba todo el día comiendo. Empezó cambiando los libros de lugar, la hora de los relojes, la pareja de los calcetines, vinagre en sus perfumes. Eso pronto se le pasó. Nunca, en cambio, lo de meterle cosas en los bolsillos de sus chalecos, pantalones, abrigos. Le empezó metiendo almendras y huesos de aceitunas, flores o tierra, trocitos de hojas de novelas y monográficos de pintores. Antonio metía la mano por el frío o un pañuelo y encontraba insectos o sacapuntas. A veces cuadraditos rotos de una cajetilla de cigarrillos. Antonio le preguntó una vez, "qué es esto". "No lo sé". "Por qué lo haces". "No sé". "No rompas los libros". "¿Por qué?" "Porque luego no podrás ver los cuadros enteros ni leer enteras las novelas". "Pero es que hay muchos", le contestaba Cayetana. "¿Qué hace esto aquí?", el Sr. de la Serra encontró la grapadora en el bolsillo interior del tres cuartos que iba a vender. Cayetana se disculpó y trató de concentrarse en su trabajo. Se preguntaba si Antonio la echaría de menos en sus bolsillos vacíos.

Arsan, Emmanuelle. *Emmanuelle*. La Sonrisa Vertical. Tusquets, 1984.

Bataille, Georges. *El Erotismo*. Editorial Tusquets. 2013.

Bataille, Georges. *El ojo pineal, El ano solar y Sacrificios*. Editorial Pre-Textos. 1979.

Bataille, Georges. *Historia del Ojo*. La Sonrisa Vertical. Tusquets, 1984.

Berry, Patricia. *Echo's Subtle Body: Contributions to an Archetypal Psychology*. Spring Publications. 2019.

Cuppit, Don. *What is a story*. SCM Press. London. 1995.

Evola, Julius. *The metaphysics of sex*. Inner Traditions International. 1983.

Fini, Leonor. *Peintures*. Editions Michelle Trinckvel. 1994.

Flowers, Stephen. *Fire and Ice, The Brotherhood of Saturn*. Llewellyn Publications. 1994.

Hillman, James. *The dream and the underworld*. Harper & Row. New York. 1979.

Hillman, James. *The Myth of Analysis*. Harper Torchbooks. New York. 1978.

Kaufmann, Dorothy. *Edith Thomas: a passion for resistance*. Cornell University Press. 2004.

Kraft-Ebbing, Richard Von. *Psychopathia Sexualis*. Forgotten Books. 2012.

Marcireau, Jacques. *Ritos sexuales*. Daimon. 1975.

Masters, R.E.L./Lea, Eduard. *Sexualidad Criminal en la historia*. Ediciones Picazo. 1970.

Moore, Thomas. *Dark Eros: the imagination of sadism*. Spring Publications Inc. 1994.

L'Isle-Adam, Villiers de. *Vera y otros cuentos crueles*. Alianza Editorial. 2007.

Pottecher, Beatriz. *Artefactos eróticos. Guía de objetos y estimulantes del deseo.* Ediciones Temas de Hoy. 1979

Réage, Pauline. *Historia del O.* La Sonrisa Vertical. Tusquets, 1984.

Réage, Pauline. *Retorno a Roissy.* Unidad Editorial. 1998.

Repollés Aguilar, José. *El amor en los pueblos primitivos.* Editorial de Gassó Hnos. 1973.

Sontag, Susan. 'La imaginación pornográfica'. *Revista de Occidente,* ISSN 0034-8635, Nº 55.

St Jorre, John de. *The unmasking of O.* The New Yorker. 1 Agosto 1994.

Surya, Michel. *Georges Bataille, la muerte obra.* Arena Libros. 2014.

Taylor, Sue. *Hans Bellmer: the anatomy of anxiety.* Massachusetts Institute of Technology. 2000.

Warlick, M.E. *Marx Ernst and Alchemy: A Magician in Search of Myth.* University of Texas Press, 2001.

Webb, Peter. *Hans Bellmer.* Quarter Books Limited. London, 1985.

Webb, Peter. *The erotic arts.* New York Graphic Society. Boston, 1975.

Guillermo Mas Arellano:
El lugar de las sombras: el cine hermético en Hollywood

Wilhem Dilthey:
Satanás en la poesía cristiana

William Blake:
El libro de Urizen

Galileo Galilei:
El Infierno de Dante

Rosemary Thorne:
La semilla del diablo: un Camelot satánico

Frank G. Rubio:
Salvator Rosa, las pinturas brujas

Amelina Correa Ramón:
El escritor Isaac Muñoz: amor y muerte

Pedro Ortega:
Arte y sociedades secretas

Jesús Palacios, Rosemary Thorne y otros:
Hijos de la noche: vampiros, cine y literatura

Juan Francisco Pastor Paris:
Femme fatale: imágenes de la bella diabólica

César Barrio:
Lo que no se ve: contenido de la obra de arte

Andrés Sánchez Martínez:
Salomé: imágenes de un mito finisecular

G. K. Chesterton:
Magia, una comedia fantástica